與那嶺司
渡辺裕一
永野咲
編

基礎ゼミ
Preliminary Seminar of
Social Welfare

社会
福祉学

JN111448

世界思想社

はじめに

社会福祉学って、なんですか？

　最近、単純で素朴な疑問ほど、答えることが難しいとつくづく思います。社会福祉学についてもそうで、「社会福祉学って、なんですか？」という質問をされると、その回答に躊躇してしまうことがよくあります。それは、簡単そうで、意外に難しい質問だからです。

　社会福祉学のテキストは、初学者にはとっつきにくいものが多いように感じます。私もそのような本を書いていますので、少し反省しています。ただ、言い訳に聞こえるかもしれませんが、そこにはそれなりの事情もあります。というのも、テキストでは、その「網羅性」や「普遍性」を追求して書かなければいけないといった前提があるからです。そうすると、どうしても、漏れがないように、ズレがないようにと気を遣うことになります。

　本書を企画した際にも、そのような悩みがありました。編者の間でも、「「社会福祉学」と銘打った本なので、従来の社会福祉学の要素を漏れがないように書かなければならないのではないか」「それでは、これから社会福祉学を学ぼうとする初学者が興味を持ち、理解を深めるような内容にならないのではないか」といった議論を交わしました。

　その結果、本書では、従来のテキストで求められるような社会福祉学の「網羅性」や「普遍性」にこだわらない構成とすることにしました。ですので、社会福祉学においてオーソドックスな、貧困と排除、障害者福祉論、高齢者福祉論、あるいは児童福祉論といった各論分野、そして、それらの分野で活用される援助のあり方を論じる「援助・技術論」、社会的なシステムのあり方を論じる「制度・政策論」、そしてその中間的な位置づけにある「運営論」といった総論分野を包括的に説明する枠組み（図1）をとっていません。

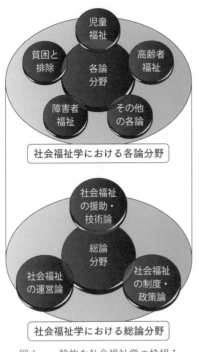

社会福祉学における各論分野

社会福祉学における総論分野

図1　一般的な社会福祉学の枠組み

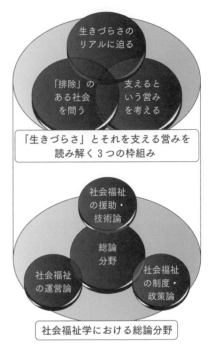

「生きづらさ」とそれを支える営みを
読み解く3つの枠組み

社会福祉学における総論分野

図2　本書における「生きづらさ」に
着目した3つの枠組み

「生きづらさ」のリアリティ

　本書では、そのような一般的な構成をとらず、特に各論分野において、社会福祉学で想定される「生きづらさ」を抱える人のリアリティと、それらの人を支えるかかわりに着目しました（図2）。このような従来とは異なる枠組みをなぜ採用したのかについては、終章で説明しています。

　「生きづらさ」は比較的新しい言葉で、本格的に使われるようになったのは2000年に入ってからではないでしょうか。「生きづらさ」の特徴は、それを抱える個人のこころだけではなく、その人の社会環境にも目を向けて問題を見出すところです。その個人と社会環境との「齟齬」に注目する言葉といってもよいかもしれません。

　最近、新聞の「読者の声」欄のある投書に目が留まりました。京都で生活する筋萎縮性側索硬化症（ALS）を患った女性が、2名の医師に対して殺人を依

頼したとされる嘱託殺人事件に関するものです。ALS は、個人差がありますが、運動神経系が少しずつ機能しなくなり、呼吸筋を含めた体の筋肉が徐々にやせて使いにくくなっていく病気です。この投書は、本人も ALS 患者である舩後靖彦参議院議員が、先の事件を受けて、「私も当初は「死にたい、死にたい」と思っていた。しかし患者どうしが支えあうピアサポートなどを通じ、自分の経験が他の患者の役に立つと知り、生きることを決心した。「死ぬ権利」よりも「生きる権利」を守る社会にしていくことが、何よりも大切」と語った記事（『朝日新聞』2020 年 7 月 24 日朝刊）を受けてのものです。

新聞の「読者の声」

主婦　A さん（大阪府 64）

　三つ上の姉は 4 年前の 7 月、ALS と診断され、わずか 2 年でこの世を去った。

　人は性格や顔が違うように ALS 患者もいろいろな考えがある。前向きに生きられる方も多いと思う。姉は、在宅で生きるのが希望だったのだ。しかし、歩くことが出来なくなり、話せなくなり、食事もとれなくなった。本人と ALS 発症後に結婚したパートナーが同意し、「なんとか在宅で」と胃ろうや気管切開をしたが、医師らからは「在宅では無理」と言われた。私はネットで情報を調べたがわからず、諦めるしかなく、病院を三つかわった。

　記事に「生きることを支えるのが医師の務め」とあったが、医師は忙しい。せめて相談に乗ってくれる窓口や専門家の紹介が欲しかった。一日中ベッドの上で体を動かせず、寝返りもできず、意識だけはっきりしているのに、おしめをされる。どんなにみじめだったろうか。お姉ちゃん、ごめんね。何もできなくて。

（「ALS の姉、在宅かなわなかった」『朝日新聞』2020 年 8 月 7 日朝刊より抜粋）

　この投書のきっかけとなった嘱託殺人事件のように、ALS を患う人の命を奪う権利は誰にもありません。まず、この点はしっかり確認しておきたいと思います。ただ同時に、私自身、社会福祉学の研究者でありながら、ALS を患う本人やその家族のつらさや苦しみについて、どれほど理解できていたのだろうかと考え込んでしまいました。

　また、ある会議に出席したときに、障害のある当事者の方から、「健常者は、障害者のつらさを十分に理解していない。ただ、それと同じか、またそれ以上に、障害者の生活における豊かな楽しさ、喜び、そして幸せのリアリティをわかっていない」という意見をもらいました。ここで紹介した嘱託殺人事件の後

に、ある自治体首長から「尊厳死の議論を進めるべきだ」との声が上がったり、SNS で「ある意味、ALS 患者の方は大変だからやむをえなかった」や「医師にも同情する」といったコメントがあったことも受けての発言だったようです。これらの意見には、「ALS 患者はかわいそうだから、そのようなことは仕方ないのではないか」といった本音が見え隠れします。それ以前に必要であったと思われる社会による「生きる権利」を守るための対応にはほとんど言及されていません。

その当事者の方は、健常者というマジョリティの立場での勝手な判断に対して、一石を投じたかったのだと思います。障害のある人が直面する「生きづらさ」への理解だけではなく、日常生活においてその人たちが享受する「楽しさ」や「幸せ」についても、私たちはよくわかっていないのかもしれません。

話を「生きづらさ」に戻します。先の嘱託殺人における ALS 患者と同様に、私たちのまわりには、このような「生きづらさ」に直面する人が多くいます。たとえば、新聞やニュースで、子どもの貧困、老老介護、障害者虐待、孤独死といった問題を目にしたことがあるかもしれません。また、私たち自身も、そのようなつらさや苦しみを知らず知らずに抱えているのかもしれません。ただ、そのことを私たちは知っているようでよく知らないようにも思います。

「生きづらさ」とそれを支える営みを読み解く 3 つの枠組み

本書では、そんな「生きづらさ」のリアリティとそれに対する社会の取り組みを通して、社会福祉学の輪郭をおぼろげながらでも描き出したいと思います。そこで、第Ⅰ部〈生きづらさのリアルに迫る〉、第Ⅱ部〈「排除」のある社会を問う〉、第Ⅲ部〈支えるという営みを考える〉という三部構成としました。そのため、少し「新しい」社会福祉学のテキストになっているかもしれません。

具体的には、第Ⅰ部では、私たちが知っているようで知らない、子どもの貧困、周縁化集落、認知症のある人、人身取引に関係した「生きづらさ」について、各執筆者の独自の視点で読み解きます。

第Ⅱ部では、日常生活であまり関心を払っていないかもしれない、けれども、私たちの社会において存在する「排除」の実態を明らかにします。そこでは、人が活用できる資源の不足そのものではなく、それをきっかけに、社会におけ

る仕組みから脱落し、人間関係が希薄になり、その結果として、社会の一員としての存在価値を奪われていく「社会的排除」の様相を描き出します。

そして、第Ⅲ部では、「生きづらさ」とそのような状況に直面した人を支えるかかわりについて取り上げます。社会福祉学が「実践の学」と称する所以ともいえる支える営みを、その「生きづらさ」とともに考えてみます。

また、初学者のためのテキストであるとはいえ、「社会福祉学」の本でもあります。そこで、これら3つの枠組みに沿いながら、他の学問分野ではなく「社会福祉学」を主たる領域とする研究者にこだわって執筆をお願いしました。ただ、それぞれの執筆者に対して、各テーマについての網羅的な解説をお願いしていません。それよりも、社会福祉学の研究者である執筆者の得意な切り口でもって、それぞれのテーマを自由に論じてもらうように依頼しています。

本書の目的

このような想いで企画された本書の目的の一つは、それぞれの執筆者の研究や教育における試行錯誤の経験に基づき、「問いを発見する」「問いにしたことを調べる」「調べたことを考察する」といった手順を、一つの事例として提示することです。そして、これを参考にしながら、読者が自分で社会福祉学における研究に取り組んでもらえればと思っています。

もう一つの目的は、本書をきっかけとし、読者の皆さんが「社会福祉学」という学問の扉を開くことで、その枠組みをおぼろげながらでもイメージしてもらうことです。そのため、各章内に個人ワークとして【ワーク1】【ワーク2】を、グループワークとして【ワーク3】を設定し、巻末にワークシートをつけました。ただ、それらのワークに取り組まない場合であっても、それぞれのテーマについて「読み通す」ことができる章構成になっています。これらの章を通読することで、社会福祉学の枠組みを少しでもつかんでもらい、また、そこで着目する「生きづらさ」が私たちの身近に存在するものであり、みずからもその「生きづらさ」にかかわる社会の一員であることに気づいてもらえればと思います。

そして、各章の執筆者の問いや解説を参考にして、最終的には、読者みずからワークに取り組むことで「自分ならこう考える」「自分ならここをもっと知

りたい」と社会福祉学への興味関心をさらに広げてもらうことを編者一同願っています。

編者を代表して　與那嶺　司

目　次

序章

「生きづらさ」とは何か？
── 生きづらさに向きあう実践の学

與那嶺司

1　わからないけどおもしろい「社会福祉学」

　高校時代、障害者団体で活動をしていた筆者は、大学では「障害のある人を助ける」ことにつながる勉強をしたいと思っていた。ただ、どの学問分野にするかについてかなり悩んだ。というのも、心理学でも、教育学でも、**社会福祉学**でも、障害のある人へのかかわりについての学びが含まれていたからだ。最終的には社会福祉学を選んだが、なぜそうしたのかについて記憶が定かではない。正直に言うと、選んでみたものの、社会福祉学という学問がよくわからなかったのだと思う。

　ただ、現在、大学で福祉を教えながら、あらためてこの学問分野が自分にあったものであると感じるようになった。それは、社会福祉学が、〈誰もがしあわせに生きることができる社会をめざして、「**生きづらさ**」を理解し、それを変えるための人々による取り組みについて探る実践の学〉であるからだろう。つまり、それは、その人の心理的側面や教育的側面といった特定の分野に限定されず、その人が抱える生活上の困難を包括的に、そしてその人の立場から把握し、それを解決・軽減する広い取り組みに関する学問分野であるからだ。そして、「生きづらさ」という複雑な現実の一部を削ぎ落としたり、単純化したりすることなく、複雑なまま捉えることに向きあいつづける実践的な学問であるともいえる。ただ、それゆえにわかりにくい。

「社会福祉」という言葉を聞いて思い浮かべるイメージを10個以上書き出してみよう。そして、それらを分類し見出しをつけ、現時点での自分にとっての「社会福祉」がどのようなものなのかを考えてみよう。

2 社会福祉学における「生きづらさ」

ある事件に見る「生きづらさ」の諸相　社会福祉学では、「生きづらさ」をどのように捉えているのか。この「生きづらさ」を考えるうえで、私の記憶に残っている出来事がある。それは、2006年に京都で起きた介護殺人事件である。

事例

　2006年、京都市で、無職の長男（当時54歳）が、認知症の母親（86歳）の首を絞めて殺害、自分自身も自殺を図ったが未遂に終わった。この事件の前に、長男は、父親を病気で亡くし、その後母親も認知症となった。母親は夜間に寝付かなくなり、徘徊して警察に保護されるようになる。長男は仕事を休職して介護にあたり、収入がなくなったことから生活保護を申請したが、「休職」を理由に認められなかった。ただ、母親の症状がさらに進み、仕方なく退職する。再度の生活保護の相談も失業保険を理由に受け入れられず、母親の介護サービス費用も含めた生活費も切り詰めたが、家賃などが払えなくなった。それから、長男は母親との心中を考えるようになる。「もう生きられへんのやて。ここで終わりや」という息子の力ない声に、母親は「一緒やて。お前と一緒や」と言うと、傍ですすり泣く息子にさらにつづけて、「こっちに来い。お前はわしの子や。わしがやったる」と言った。その言葉で心を決めた長男は、母親の首を絞め殺害し、みずからも首吊り自殺を図ったが、ロープがほどけ意識を失った。裁判では、長男が献身的な介護を続けながら、金銭的に追い詰められた過程を裁判官が述べた。殺害時の2人のやりとりや、「母の命を奪ったが、もう一度母の子に生まれたい」という供述が紹介されると、目を赤くした裁判官が言葉を詰まらせ、刑務官も涙をこらえるようにまばたきするなど、法廷は静まり返った。判決を言い渡した後、裁判官は「裁かれているのは被告だけではない。介護制度や生活保護のあり方も問われている」と語った。

　この事件には続きがある。この裁判で執行猶予付き判決を受けた息子は、その後、自殺していた。所持金は数百円だったという。身につけていた小さなポーチには、「一緒に焼

いて欲しい」というメモを添えた母親と自分のへその緒が見つかった。

（毎日新聞大阪社会部取材班（2019）より抜粋）

　ここでは、介護殺人について述べたいわけではない。そうではなく、長男と母親が、仕事を失い、生活保護を受けられず、必要な介護サービスも利用できず、そして、住まう場所も失うかもしれない状況のなかで、社会とのつながりを徐々に失っていく姿である。

　この悲しい結末を招いた「生きづらさ」は、いったいどこからくるのか。たしかにどうも、心理学や教育学といった分野よりも社会福祉学で扱う方がしっくりくるような感覚はある。そこで、社会福祉学においてこの「生きづらさ」をどのように捉えているのかについて考えてみたい。

社会とのつながりのなかで考える

　結論から言うと、社会福祉学においては、「生きづらさ」を、社会とのつながりに支障をきたした状態というふうに捉えることができる。「福祉」にある「福」も「祉」も本来「幸せ」を意味する。したがって、「社会福祉」とは「社会の幸せ」ということになる。ただ、それは、社会のなかで大多数が幸せであれば、一部の人はそうでなくてもよいということではない。誰もが社会の一員として「幸せ」であることが求められる。そして、その「幸せ」は、家族、地域、学校、そして職場などの一員として、さまざまな社会とのつながりのなかで安定した生活を送ることを意味している。そのため、もしも、このような社会とのつながりが危うい、あるいはそのようなつながりを失くした「生きづらさ」を抱えている人がいれば、必要なつながりが持てるように人や場所とをつなぐ必要がある。

　もう少し学問的にみてみよう。この「生きづらさ」は、社会福祉学では「生活困難」「生活問題」「福祉ニード」といった用語で表現されることがある。社会福祉学の重鎮である岡村重夫は、同様な概念として「社会生活上の困難」という言葉を使っている（岡村 1983：71）。人は、社会生活を続けるために、経済的な安定とか、家族の安定とか、健康の維持とか、文化・娯楽の機会などといったことが必要になる。これらは「社会生活の基本的要求」といわれる。そして、これらの必要を満たすために、さまざまな人や制度とのつながりを持っ

ている。「社会生活上の困難」とは、人が経済、医療、教育、家族といったさまざまな社会制度を通して、「社会生活の基本的要求」を満たすのが難しいことを意味する（岡村 1983：71）。

　具体的に言うと、日常生活を送るうえで、お金が必要であれば仕事をしたり、病気になったらお医者さんにみてもらったり、子どもであれば家族に育ててもらったり、ストレスを発散するために映画やレクリエーションが必要だったりする。これらのつながりが、人の社会生活を成り立たせている。そして、このような社会生活の要求を充足するための人や制度とのつながりを「社会関係」と呼ぶ（岡村 1983：83-92）。

　ただ、これらの必要を満たす人や制度は、実際には必ずしもその個人の特性や状況にあったものであるわけではない。障害があるために就職を断られたり、病気になっても平日しか病院が開いていなかったり、子どもの世話をしてくれる家族がいなかったり、映画館やスポーツ施設が近くになかったりといったことがある。先の事例であれば、働くための要件があるが母親の介護のためにそれを満たせなかったり、生活保護を必要としたが「休職」で仕事があるため受けられなかったり、利用料の支払いが難しいため十分な介護サービスを受けることができないといった状況に陥っている。

　このように社会の人や制度とのつながり、つまり社会関係がなんらかの理由で阻まれ、結果的に、社会生活上の困難に直面してしまうことがある。これが社会福祉学における「生きづらさ」の一つの捉え方である。

　そして、ここでもう一つ重要な点は、その社会とのつながりを、その生活を営む本人の立場から捉える視点である。より正確に言うと、社会関係を営む個人、つまり生活主体者の立場から見たつながりを捉える視点であり、社会福祉は、この「社会関係の主体的側面」に視点を置くところに独自性があるとされる（岡村 1983：91）。一般的にも、社会福祉といえば、子ども、障害のある人あるいは高齢者の権利を守る取り組みといったイメージがあるかもしれないが、それは、このような社会福祉の「社会関係の主体的側面」を大切にする特徴があるためでもある。

3 社会関係に支障をきたした「社会的排除」

社会的排除とは何か　近年、「排除」や「社会的排除」（⇨第5章キーワード）という言葉が社会福祉でも頻繁に使われるようになった。この言葉は、社会制度からの排除、特に20世紀に形成された福祉国家の諸制度からこぼれ落ちてしまう人々が増加したことに関係し、フランスから生じ、その後、イギリスに広がり、欧州全体で問題とされた際に使われはじめた社会福祉政策の概念である。貧困、差別あるいは孤立などを論じる文脈でよく使われるが、それらの言葉とも少し意味が違う。

　では、どのような意味なのか。端的に言うと、主たる社会関係へのかかわりを拒否されている状態であり、社会がその人を追い出していくプロセスを表現している。そこでは、誰かが、別の人々を排除していくという行為者を含んだ問題として把握される。ただ、国家や企業といった権力を持つ集団が特定の「弱者」を排除するだけでなく、市民相互の排除、あるいは、「ひきこもり」といったように、自分で自分を排除する場合もある。

　貧困研究で著名な社会福祉学者である岩田正美によると、社会的排除とは、一言で言えば、主要な社会関係への参加を拒まれている状態であると説明している（岩田 2008）。他の言い方をすると、社会とのつながり、つまり社会関係に支障をきたし、時には関係から切断されている状態である。一般に、「貧困」という言葉が、生活に必要なモノやサービスなどの「資源」の不足をその概念の中心としているのに対して、社会的排除は「関係」の不足に着目して把握したものであるといえる（岩田 2008：23）。そして、そのような社会関係の問題は、その人がものごとを決定したり、意見を述べたりする声やパワーを失い、社会の一員としての存在価値までもが奪われる結果につながる。

　また、社会的排除という言葉は、「社会の中心から、外へ外へと追い出され、社会の周縁に押しやられる」さまを表現し、そして問題としている（阿部 2011：93）。先の事例では、仕事を失い、生活保護を受けられず、介護サービスも利用できず、また、住まう場所も失うかもしれない状況のなかで、まさに社会の周縁に押しやられた母親と息子が行き着いた結果であるともいえる。

　では、なぜ社会福祉学において、この社会的排除に注意を払うのか。すでにおわかりかもしれないが、それは、この言葉が、排除される本人の心理的あるいは身体的状態を重視するのではなく、その人が持つ社会とのつながり、つまり社会関係における問題に着目した概念だからである。では、この社会とのつながりに支障をきたした状態には、どのようなものがあるのだろうか。ここでも、岡村重夫の分類を見てみよう。岡村（1983：106-113）によると、「社会関係の不調和」「社会関係の欠損」「社会制度の欠陥」の３つがあるとされる。

　まず、「社会関係の不調和」とは、その人の持つ複数の社会関係が相互に矛盾している状態のことをいう。たとえば、病院に入院しないといけない、外科手術を受けないといけない、長期の静養をとらないといけないといった場合がある。これらの病院側の要求が仕事との関係や家族との関係など個人の事情を無視して行われるとき、その要求に従うことができずうまく対応できない。

　また、そのままだと、医療が必要なのに、医療が受けられない、あるいは医療を受けようとしないといった事態につながる。そのような事態を「社会関係の欠損」と呼ぶ。必要な社会関係を失って、社会制度を利用できない状態を意味する。医療を受けるために仕事を辞めてしまう場合も同様だ。医療も仕事も制度として存在するにもかかわらず、そのどちらかを利用することができない状態である。

　最後の「社会制度の欠陥」は、その字句通り、社会制度の側の欠陥ゆえに社会関係が取り結べない状態である。たとえば、知的障害のある子どもは、長い間、学校教育から疎外され、就学猶予（子どもを就学させる親の義務を猶予すること）などを理由に教育を受けることができなかった。そのため、当時は、社会福祉が学校教育に代わって対応してきた歴史がある。

　このような社会関係に支障をきたした社会的排除、特に 1980 年代以降のヨーロッパ社会における排除に対処する考え方が「社会的包摂」という概念である。社会的包摂は、一言で言えば、社会関係という「つながり」の再構築、つまり、社会における新しいつながりの創出にある。そこでは、単に社会的排除の状態にある人や集団を変化

させるのではなく、その排除状態に関係する社会制度やその排除の過程を変えていくことが求められる。

　つまり、社会的包摂とは、排除する側の問題を指摘し、それに対して取り組んでいくことを意味している。そのためにも、社会福祉学における社会関係に着目した視点およびそれに基づいた支援が必要となる。

ワーク2

　巻末資料「「監禁」と「療養」、主張対立　B市の事件あす判決」（序章　資料）を読んで、この事例では、社会とのつながりにどのような支障をきたしていると考えることができるのかについて考えてみよう。

4　「生きづらさ」を支える営み

社会福祉学における「支える」営み　では、社会福祉学において、このような「生きづらさ」や「社会的排除」に対する「支える」営みには、どのようなものがあるのだろうか。

　そもそも、「社会福祉」という言葉の歴史はそれほど古くない。第二次世界大戦後、日本国憲法において初めて明確に「社会福祉」が規定され、その後、関連する諸制度が整備された。そのような状況のなかで、1950年代から1960年代にかけて、「社会福祉本質論争」という社会福祉学における学問体系をめぐる理論的論争があった。その論争を経て、社会福祉学は「援助・技術論」と「制度・政策論」に帰着し、その後は、互いの異質性を認めあい、社会福祉学そのものが大きくはこの2つの総論分野に整理された。

　少し詳しく説明すると、社会福祉の「援助・技術論」とは、生きづらさを抱える個人や家族などへの個別具体的な働きかけを行う社会福祉実践に関する分野である。たとえば、先述した介護殺人事件の事例であれば、長男の状況をどのように捉えればよいか、あるいは、長男や母親にどのようなかかわりが必要かといった個人や家族などへの直接的な支援について考える。この「援助・技術論」における代表的な論者として、竹内愛二や岡村重夫がいる（竹内 1959；

7

岡村 1983）。岡村重夫は、すでに説明したように、社会福祉を、人と制度が結ぶ社会関係の主体的側面を調整することに社会福祉の固有性があると考えており、その理論において調整技術である**ソーシャルワーク**の位置づけや重要性を示している。

　一方、社会福祉を制度や政策との関連で説明する「制度・政策論」がある。生きづらさの解決や軽減に向けた社会資源の確保や具体的な改善計画、そして、その意味づけを含んだ社会福祉政策に関する領域である。先の事例で言うと、長男が利用を拒まれた生活保護制度、あるいは、十分に利用できなかった介護保険制度といった社会福祉制度などについて考える。この理論の有名な論者は、孝橋正一である。彼は、社会福祉に取り組む資本主義社会のシステムに着目し、そのシステムのひずみから必然的にもたらされる問題に対応する制度として社会福祉を捉えている（孝橋 2009）。つまり、資本主義経済を維持するための労働力対策として、社会政策を補充する役割が社会福祉であるとした。

　また、これらの「援助・技術論」や「制度・政策論」といった2つの大きな学問体系に加え、その中間に、三浦文夫らによって展開されたニーズ論やサービス供給論といった一連の研究に基づく「運営論」と呼ばれる領域を位置づける場合もある（三浦 1987）。先の事例でいうと、たとえば、生活保護制度の窓口となっている京都市や利用していた介護サービス事業所の運営について考えることになる。

　そして、これらの総論分野に加えて、各論分野として、たとえば、貧困と排除、児童福祉、障害者福祉、高齢者福祉、家庭・家族福祉、地域福祉、司法福祉などが挙げられ、これらは、実際の政策や実践領域にそったかたちで各論的な研究分野が整理されている（「はじめに」参照）。

ワーク3

　数名のグループに分かれ、まず個人で、以下の〔制度〕と〔社会福祉専門職〕から1つずつ選び、その内容を調べてみよう。そして、調べた内容について、グループで報告しあってみよう。

〔制度：生活保護制度、介護保険制度、障害者福祉制度、児童福祉制度、その他〕

〔社会福祉専門職：社会福祉士、精神保健福祉士、介護福祉士、保育士、公認心理師、介護支援専門員、社会福祉主事、児童福祉司、その他〕

　　　　　　　　　　　　　　　　このように、社会福祉学における「支える」営みは、
「支える」営みの広がり　　　　その方法として、援助・技術、制度・政策、そして運営といった側面からみることができるだろう。また、それらの営みが実践される分野として、貧困と排除、児童福祉、あるいは障害者福祉などの分野が挙げられる。

　ただ、多様化・複雑化する現代社会において、社会福祉学が対象とする「生きづらさ」は、これら従来の枠組みに収まらない様相を呈している。そのため、社会福祉学におけるこれまでの知見だけでは対応できない問題も増えている。そのような意味では、社会福祉学の今後の新たな展開が求められているといえる。この点については、本書の終章で詳しく説明したい。

社会福祉学

　　人が抱える生活上の困難を包括的に、そしてその人の立場から把握し、それを解決・軽減する取り組みに関する学問分野であり、本書では、〈誰もがしあわせに生きることができる社会をめざして、「生きづらさ」を理解し、それを変えるための人々による取り組みについて探る実践の学〉と説明している。

生きづらさ

　　社会とのつながりに支障をきたした状態。その特徴は、それを抱える個人のこころだけではなく、その人の社会環境にも目を向けて問題を見出すところであり、その個人と社会環境との「齟齬」に注目する言葉であるともいえる。

ソーシャルワーク

　　社会福祉に関する専門的な知識や技術を備えた専門職による社会福祉援助の活動とその方法論をいう。そこでは、個人が抱える生活問題を、その個人と社会環境とのつながりのなかで把握し、個人への支援にとどまらず、地域へのかかわりや社会制度の改善を含めたさまざまな活動や働きかけを行う。

山縣文治・岡田忠克編『よくわかる社会福祉　第 11 版』ミネルヴァ書房、2016 年

　　版を重ねる「社会福祉」の定番テキスト。社会福祉の基礎概念から始まり、社会福祉の歴史、援助方法、そして、これからの課題まで幅広いトピックスを網羅している。そのため、社会福祉の全体像を理解するのに役立つ。また、1 つのトピックを見開き 2 頁で解説するので、調べやすく、読みやすい。

平岡公一・杉野昭博・所道彦・鎮目真人『社会福祉学』有斐閣、2011 年

　　「社会福祉学」と銘打つ書籍が近年少ないなか、それを冠している本書は、社会福祉学の基礎的な知識や考え方の枠組みを含めた全体像を理解するために役に立つ。「社会福祉学とは何か」という序章を議論の出発点とし、制度・政策、援助・技術、運営、そして歴史研究などについて、他書にはない分析視点で解説している。

岡村重夫『社会福祉原論』全国社会福祉協議会、1983 年

　　「岡村理論」と呼ばれ、社会福祉学では、現在でも読み継がれる名著。岡村の理論は、社会制度と個人の間の社会関係に着目し、かつ個人の主体的側面に社会福祉固有の視点を見出した。本文で解説した概念に加えて、社会福祉における援助の原理（社会性の原理、全体性の原理、主体性の原理、現実性の原理）や社会福祉の機能（評価的機能、調整的機能、送致的機能、開発的機能、保護的機能）についても説明している。

第I部

生きづらさの
リアルに迫る

第 **1** 章

夏休みにやせる子どもがいるのはなぜ？
―― 子どもの権利、格差、子どもの貧困

谷口由希子

1 「親ガチャ」の背景にある社会構造

子どもは生まれも育ちも選べない！

「親ガチャ」という言葉を聞いたことがあるだろうか。子どもは生まれる場所や親、家族を選ぶことができない。「親ガチャ」とは、生まれた環境によるある種の運によってその後の人生が決まってしまうという人生観を表現する言葉である（「現代用語の基礎知識」選 2021）。

　このように書くと、ついつい「自分は親ガチャに当たっている？　はずれている？」と考えたくなるかもしれない。しかし、子どもがどのような状況にあっても**子どもの権利**が守られ、一人ひとりの発達が保障されることが、国際条約である子どもの権利条約や国内法である児童福祉法、こども基本法などで定められている。

　社会福祉学とは当該社会においてどのような状況にあっても、一人ひとりの人権を保障するための制度や方法を考える学問である。本章では、このことを出発点に考えてみたい。

ナショナルミニマムとしての学校給食

子どもがたとえ困難を抱えた状況にあるとしても、その子にとっては「あたりまえの日常」であることから、周囲の大人たちはそれに気づくことができないこともあるだろう。さらに、こうした困難さは多くの人にとって非日常的なものであるため、見落とされが

ちになる。そもそも、弱い立場にある人や小さい者ほど声が届きにくく、社会的に周縁化されやすいという特徴がある。社会のなかには困難な状況で生活する子どもたちがいることに、常に目を向けつつ、どのような状況にあっても一人ひとりの子どもの権利が保障されなければならない。

　本章の章題「夏休みにやせる子どもがいるのはなぜ？」は、そうした気づきのきっかけになるよう提示した問いである。

　学校での給食は学校給食法に基づき、栄養の摂取による健康の保持増進、健全な食生活や食習慣を養うことなどが目標とされている。日本の公立小学校の完全給食実施率は 99.4％に達しているが（文部科学省初等中等教育局健康教育・食育課 2023）、これはナショナルミニマム（国が国民に対して保障する最低限度の水準）として位置づけられるといえよう。

　しかし、子どもが所属する世帯の状況によって「食べること」にも**格差**がある。給食を食べられない夏休みに体重が減ってしまう子どもがいるのも事実である。

ワーク1

　巻末資料「給食ない夏休み 痩せないで」（第1章　資料）を読んで、「夏休み明けに痩せる子」の背景にはどのようなことがあるか、また子どもにとって学校とはどのような場となるか、考えてみよう。

2 子どもの貧困・貧困の再生産

「子どもの貧困」の定義

　「**子どもの貧困**」とはどのような状態を指すのだろうか？　満足な食事をとることができなかったり、住居がなかったり……。こうした生命を維持するために必要な食料や衣料、住居や医療が欠けている状態にある貧困を「絶対的貧困」という（第5章参照）。

　これに対して、「相対的貧困」と呼ばれる考え方がある。相対的貧困は、その社会のなかで「あたりまえ」とみなされている活動、慣習に参加したり、必要とされているものを手に入れたりすることができない貧困状態を示す。厚生

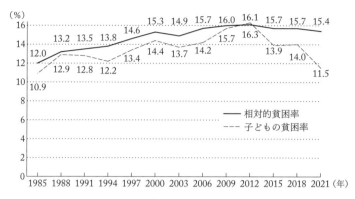

図 1-1　相対的貧困率・子どもの貧困率の推移（厚生労働省（2022）より作成）

注）2018年以降の数値は、2015年に改定されたOECDの所得定義の新たな基準で、従来の可処分所得（手取り収入）から更に「自動車税・軽自動車税・自動車重量税」、「企業年金の掛金」及び「仕送り額」を差し引いたもの。

労働省では、貧困線を下回る所得水準で生活している世帯を「相対的貧困」にあると定義している。貧困線とは、世帯の「手取り収入」（世帯の所得から税金や社会保険料などを差し引いた収入）を世帯人数の平方根で割って調整した数値（等価可処分所得）の中央値の半分である。「子どもの貧困率」とは、子ども全体において貧困線に満たない子どもの割合を示している。図 1-1 は、日本における相対的貧困率と子どもの貧困率を表したものである。

　2021 年の調査では、相対的貧困率は 15.4 ％であるため、日本において 6 ～ 7 人に 1 人が貧困の状態にあり、子どもの貧困率は 11.5 ％であるため、子ども 8 ～ 9 人に 1 人が貧困の状態にあることがわかる。子ども期の貧困は、成長過程において継続的に影響することも、さまざまなデータから明らかになってきている。「子どもの貧困」の状態にあったその子どもが、大人になったときに貧困状態にあることを「貧困の再生産」という。さらに、これが世代を超えるかたちで親子 3 代以上にわたり続く状態を「貧困の世代的再生産」という。

ひとり親家庭の
貧困と進学率 ｝　　2022 年に公表された国民生活基礎調査では、ひとり親家庭の 44.5 ％が相対的貧困にあることが明らかになった。ひとり親家庭の貧困率が 63.1 ％ともっとも高かった 1997 年に比べると若干の改善がみられるが、それでもひとり親家庭の子どもの 2 人に 1 人近

くが相対的貧困にある厳しい現状がわかるだろう。ひとり親であるということは、所得の合計にみられる経済的困窮では表現し得ない生活の困難さがある。それは、家事分担をする大人の不在や余暇の時間の少なさなどにかかわるものである。これを背景にその世帯に所属する子どもが家事を行ったり、きょうだい児の世話を分担したりする「ヤングケアラー」（後述）となっていることもある。

　子どもの貧困の状況は、高校や大学などへの進学率の格差としても表れる。全世帯の子どもについて、2020年度の高校等進学率は98.8％である。生活保護世帯に属する子どもの高校等進学率は93.7％、児童養護施設の子どもの高校等進学率は96.4％、ひとり親家庭の子どもの高校等進学率は95.9％であり、わずかながら差がある。大学等進学率では、全世帯の子どもが83.5％である。生活保護世帯に属する子どもの大学等進学率は37.3％、児童養護施設の子どもの大学進学率は33.0％、ひとり親家庭の子どもの進学率は58.5％である（ただし、ひとり親家庭の子どもの進学率は、2016年度の数値）（内閣府 2021；文部科学省 2020；文部科学省初等中等教育局参事官付 2021）。

　このように、とりわけ大学等進学率に関しては、子どもの生活状況において大きな格差がある。どのような学歴を獲得するかということは、将来に就く職業や人との出会いなどの社会関係にもつながりを持ち、子どもが大人になる過程において影響を及ぼす。にもかかわらず、子どもの生活状況によって大きな格差がある。

|「ご飯を食べること」の格差|　子どもが属する世帯収入の差は、「食べること」の差にも表れている。食事は、単に栄養を摂取することにとどまるものではない。おいしく食べること、楽しく食べることは、生きることに直結する。内閣府政策統括官（2021）では、世帯収入と子どもの生活状況について中学生本人に調査を行い、回答結果を、相対的貧困率の定義をもとに子どもの所属する世帯収入が「相対的に低い層」「相対的にやや低い層」「中央値以上の層」に分類している。「ご飯を食べること」に関連して、「朝食」と「夏休みや冬休みなどの期間の昼食」を食べる頻度を聞いている。

　「朝食」を「毎日食べる（週7日）」と回答した割合は全体で82.0％であった。

これに対して、「週5〜6日」が10.3％、「週3〜4日」が2.8％、「週1〜2日、ほとんど食べない」が4.6％であった。朝食の摂取状況について世帯収入ごとにみると、「中央値以上の層」では、「毎日食べる」が86.5％であったのに対し、「相対的にやや低い層」では80.5％、「相対的に低い層では」71.2％であった。

「夏休みや冬休みなどの期間の昼食」について、「毎日食べる（週7日）」と回答した割合は全体で89.1％であった。これに対して、「週5〜6日」が7.1％、「週3〜4日」が2.7％、「週1〜2日、ほとんど食べない」が0.6％であった。休み期間の昼食の摂取状況について世帯収入ごとにみると、「中央値以上の層」では、「毎日食べる」が91.6％であったのに対し、「相対的にやや低い層」では、89.4％、「相対的に低い層」では82.4％であった（内閣府政策統括官 2021：78-79）。

このように、世帯の所得水準が低くなるほど、朝食や学校休業中に昼食を食べる割合が低くなり、ご飯を食べることの格差があることがわかる。

さらに、食事を「食べる／食べない」にとどまらない格差がみられる。それは、限定された期間内にどの程度の頻度で特定の食品を摂取したかを測る食品群別摂取頻度にも表れている。相対的に世帯収入が多い子どもは、家で野菜を食べている日が多く、インスタント麺を食べる頻度が少ない。このように世帯収入が子どもの栄養素量にも影響している（阿部ほか編 2018：30-31）。

3　子どもを困難な状況に追い込むのは誰か？

　　頼れない家族、
　　頼られる子ども

家族とは、夫婦や親子を原型とする集団である。ただ、家族のかたちは定型のものがあるわけではなく、それぞれの構成員や関係性は、その家族によって異なる。同じ家族でも時とともに変化していくものである。子どもの養育責任を持つ保護者は、必ずしも、父親や母親とも限らない。子どもにとって家族は、生活の基盤となり社会とのつながりの起点にもなるが、その状況によって「頼れる家族」にも「頼れない家族」にもなる。「頼れない家族」とは、子どもを困難な状況に追い込む家族を意味する。ここでは、子ども虐待とヤングケアラーについて考えてみよう。

子どもを困難な状況にする最たるものが、保護者からの虐待であろう。一般に子ども虐待（⇨第8章キーワード）と呼ばれ、本来ならば大切に育まれケアを

受ける立場にある子どもが、大人から身体的・性的・心理的な暴力を受けたり、適切なケアを与えられず放置（ネグレクト）されることである。

　子ども虐待は、養育すべき立場にある大人と養育されるべき立場にある子どもという立場の対照性が強調され、保護者はマスコミなどを通して社会的に苛烈なバッシングが行われる。しかし一方で、保護者自身に目を向けると、社会的に孤立していたり、経済的に困窮していたり、病気がちであったり、ドメスティックバイオレンス（DV）の被害者であったり、支援が必要な状況にあることもある（第 8 章参照）。

　他方「本来大人が担うと想定されている家事や家族の世話などを日常的に行っているこども」をヤングケアラーという（こども家庭庁「ヤングケアラーについて」）。たとえば、障害のある家族の代わりに買い物・料理などの家事をしていたり、幼いきょうだいや高齢者の世話をしていたり、日本語が第一言語ではない家族や障害のある家族のために通訳を行っている子どももヤングケアラーに該当する。

　厚生労働省が委託した調査では、中学 2 年生に「家族の中にあなたがお世話をしている人はいますか？」と質問しており、「いる」と答えた割合は 5.7 ％（17人に 1 人）であった（三菱 UFJ リサーチ＆コンサルティング 2021）。このように子どもがヤングケアラーである割合は決して低くない。「頼れない家族」で育つ子どもは、成長するにつれて家族に「頼られる子ども」になっていく。しかし、これらは家族の「問題」なのだろうか。

ワーク 2

　生まれた家族によって生じる不利や不平等には具体的にどのようなことがあるだろうか。本文では、子ども虐待とヤングケアラーを取り上げたが、その他の不利や不平等について考えてみよう。

子育てしにくい社会　末冨芳と桜井啓太は、日本が「子どもと子どもを持つ世帯に冷たく厳しい国」である現状を捉えて「子育て罰」と表現している。子育て罰は「親、特に母親に育児やケアの責任を押し

付け、父親の育児参加を許さず、教育費の責任も親だけに負わせてきた、日本社会のありよう」であるという（末冨・桜井 2021：22-23）。

　子どもを育てることに関しては、国・地方公共団体に設けられた種々の制度があるが、現金支給の制度としては児童手当がある。2022 年 10 月までの児童手当制度では、中学生以下の子どもを育てる家庭には、児童手当法に基づき現金給付が行われていた。所得が一定以上ある場合でも、子ども 1 人当たり 5,000 円の支給がされていた。ところが、2022 年 10 月支給分からは、所得上限額が設けられ、一定水準を超える場合は児童手当が支給されなくなった。この制度により約 61 万人の子どもに児童手当が支給されなくなったと算出されている。

　また、「ワンオペ育児」という言葉もあるように、世帯収入が一定水準ある家族のなかにも、一人で育児を担わざるを得ない状況の保護者の傍らで、もう一人の保護者は過労死と隣りあわせになるような働き方をしていることもあるだろう。子どもを育てることは、家族だけの役割なのだろうか。日本では、OECD 加盟国のなかでも教育費の私的負担の高さが指摘されているが、親たちが子どもを持ちたいと思っても、それ自体が「リスク」をともなう行為であると捉えざるを得ない状況がある。

4　一人ひとりの子どもの権利を保障する社会へ

子どもの権利条約｜児童福祉法では、第 2 条 3 項に「国及び地方公共団体は、児童の保護者とともに、児童を心身ともに健やかに育成する責任を負う」ことが明記されている。子どもを社会全体で育てる「子育ての社会化」が求められている。子ども期は等しく保障される権利があるにもかかわらず、家族や家族にまつわる不利や不平等で本来の発達が保障されない子どもがいる。

　1989 年に国連で採択された子どもの権利条約では、子どもに「生きる権利」「育つ権利」「守られる権利」「参加する権利」があることを示している。さらに 4 つの一般原則「生命、生存及び発達に対する権利（命を守られ成長できること）」「子どもの最善の利益（子どもにとって最もよいこと）」「子どもの意見の尊重（意見を表明し参加できること）」「差別の禁止（差別のないこと）」がある。日本も 1994 年

に子どもの権利条約に批准しており、国として条約にのっとらなくてはならない。

子どもの権利が
守られる社会へ

困難な状況にある子どもたちを自分とは関係がないと捉えるのではなく、自分の生活の延長線上にあると考えてみよう。生まれ育つ環境は、ラッキー／ハズレとして捉えられるものではなく、どのような状況にあっても子どもの権利が守られなければならない。児童福祉法やこども基本法には、すべての子どもが子どもの権利条約の精神にのっとり、発達や福祉が等しく保障される権利があることが定められている。

　子どもの権利とは子どもの人権である。子どもの権利は、生まれながらに誰しもが保障されている基本的人権である。したがって、子どもの権利を、「子どもに権利を教えるならあわせて義務も教える」というように、なんらかの「義務」とセットで扱うことは誤りである。子どもの権利は、大人や社会が保障しなければ実現しないことから、子どもの権利を保障する社会を構築することが求められている。あなたも私もその主体となる一人である。

ワーク3

　子どもの権利が保障されるためにはどんなことが必要だろうか。実現されるために、大人や私たちが今からできることは何か、4〜5人のグループになって議論してみよう。

キーワード

子どもの権利

　　子どもは生まれながらに権利ある主体として捉えられる。子どもはどのような状況にあろうとその権利が等しく保障される。1989 年に国連総会で採択され、日本も 1994 年に批准した子どもの権利条約では、差別の禁止、子どもの最善の利益、生命・生存・発達の権利、子どもの意見の尊重を 4 つの一般原則としている。

格差

　　ある集団間や階層間における差を意味する。子どもの貧困の文脈では、高所得層と低所得層の間にある生活水準や進学率をはじめ、さまざまな生活場面での差が社会のあり方（社会的な公正）や不平等との関連から指摘される。

子どもの貧困

　　日本の基準では「子どもの貧困」は、貧困線以下の所得水準の世帯に属する子どもの割合を指す。2021 年度の調査では、子どもの貧困率は 11.5 ％であり 8 〜 9 人に 1 人の割合である。

ブックガイド

阿部彩『子どもの貧困——日本の不公平を考える』2008 年、『子どもの貧困 II ——解決策を考える』2014 年、ともに岩波新書

　　日本における子どもの貧困の現状について、ひとり親世帯とその他の世帯の進学率の格差などのデータから明らかにしている入門書。『子どもの貧困 II』では、貧困の解決に向けた政策のあり方、子どもの貧困対策推進法が説明されている（子どもの貧困に関する最新のデータは、書籍よりも厚生労働省やこども家庭庁のホームページを参考にするとよい）。

松本伊智朗・湯澤直美編『生まれ、育つ基盤——子どもの貧困と家族・社会』（シリーズ子どもの貧困 1）明石書店、2019 年

　　子どもの貧困という問題意識を出発点として、特に子どもが育つ基盤としての家族が抱える困難さに焦点を当て、一見すると「家族の問題」だと思われていることが社会的な課題であることを明らかにする子どもの貧困の必読書。本シリーズは、第 1 巻〜第 5 巻まで幅広く子どもの貧困について扱っている。

リッジ、T.『子どもの貧困と社会的排除』中村好孝・松田洋介訳、渡辺雅男監訳、桜井書店、2010 年

　　子どもへのインタビューをもとに、イギリスにおける子どもの貧困について分析し、政策提言を行っている。本書の特徴は、子どもの「今」や将来展望について、貧困の渦中にある子どもの認識をもとに分析されている点であり、資料としても貴重である。

第 **2** 章

集落に住みつづけるのはなぜ難しい？
── コンパクトシティ、周縁化集落、地域住民のエンパワメント

渡辺裕一

1 私たちはどこで暮らしたいのか

| 便利と不便 |

あなたの家やアパートから、歩いていける範囲内にコンビニエンスストアはあるだろうか。インターネットでなんでも買えても、「今、電池が必要」というニーズには対応できない。「お金を引き出したい」「小腹がすいた」「急にアイスが食べたくなった」「なんか寂しい」……こんな「今」のニーズに対応するコンビニは、まさに「便利」な生活には欠かせない存在である。

では、あなたの家やアパートから、一番近くにあるコンビニまで車で30分かかるという状況を想像できるだろうか。車が使えなければ、必要なものを買うチャンスはない。

他にも私たちの日常生活に必要なものはたくさんある。スーパーやコンビニ、商店街などの買い物をする場所以外にも、病院、学校、保育園、市役所、銀行、郵便局、公共交通（電車・バスなど）、ガソリンスタンドなど、日ごろから使っている場所やサービスが想像できるだろう。

これらの日常生活に必要な場所やサービスが利用できないことは、生きづらさ（⇨序章キーワード）に直結する。たとえば、「体調が悪いけれど、村の診療所が開いているのは来週の木曜日の午後だから、それまでは我慢しよう」「雪が積もっていて家から出られないけれど、誰かが助けてくれるまで待とう」「中学校に通うのにバスを使うことになると不便だから引っ越さなくてはいけな

い」「遅い時間まで子どもを預かってくれる保育園がないから、村の外に働きに行けないけれど、村のなかには働くところがない」ということが起きている。

　日々の生活に必要なものは、それぞれの生活のスタイルや年齢などによって違う。小学生や子育て世代にとっては、保育園や学校が近くにあるだけでなく、安心して遊べる公園が近くにあった方がいい、一緒に遊べるお友達がいた方がいいと思うかもしれない。日常的に介護が必要な人にとっては病院だけでなく、ヘルパーステーションやデイサービスセンターが近くにあった方がいいと思うだろう。「治安がいい」「静かで自然が豊か」「近所の人が優しい」「子育て支援の制度が充実している」「介護サービスが充実している」「物価が安い」など、何を重視するのかは人の価値観によって異なる。「便利なところがいい」「むしろ不便を楽しむ」などのさまざまな声も聞こえてくる。

　自分が暮らしている場所が「もっとこうだったらいいのに」という期待には限りがない。すべてが叶う場所はないだろう。便利さを追求すれば、自然環境が失われることもある。どこが「ちょうどよい」のか、暮らす場所への期待も人それぞれだ。何かを叶えようとすれば、何かを犠牲にせざるを得ないこともある。

ワーク1

　あなた自身がどのような場所で暮らしたいか、暮らしたい場所の条件を自由に考えて、箇条書きにしてみよう（5個以内）。そのうえで、今暮らしている場所を踏まえつつ、希望の条件にあう場所を探して「○○県○○市（区町村）」など特定の場所を書き出してみよう。なお、これからの人生を通して1つの場所に暮らしつづけたい人は1つ挙げる。人生のステージによって暮らしたい場所の条件に違いがある人は、そのような説明も含めて条件を挙げ、特定の場所を複数挙げる。

**暮らしたい地域
からの排除**

できるだけ多くの人に【ワーク1】で書き出した内容を聞いてみよう。そして、日本地図（海外の場合はその国の地図）をプリントアウトして、その人たちが選んだ市町村の場所にカラー

シールを貼ってみてほしい。ここで、「山奥／中山間」「離島」と呼ばれる場所にある市町村を挙げた人たちはどのくらいいるだろうか。これらの市町村は、前述したような便利な生活を求める人たちにとって、「不便」な地域だ。

　その不便な地域で暮らす人々は、「車の運転ができなくなった」「ケガや病気をして、介護が必要になった」などの暮らしていくために必要な条件が失われたとき、住みなれた集落を出て、施設や集落の外で暮らす家族や知人を頼らなくてはならない。このような状況は、「本人が引っ越しを決定した」というよりも「引っ越しせざるを得ない状況になった」という表現があう。つまり、住みなれた場所での暮らしから、排除されたともいえる。これは、「不便」なところで暮らす誰かの問題ではない。あなたも住みなれている場所から、いつか同じように、排除されるかもしれないからだ。

2 コンパクトシティと排除

高齢化・人口減少
と地域の不便化
　　　　　　　　　　わが国は世界でもっとも高齢化率が高い（内閣府編 2022：6-7）。総人口は、2021年10月1日現在、1億2550万人。65歳以上人口は3621万人で、総人口に占める割合（高齢化率）は28.9％である（内閣府編 2022：2）。実際には地域差があり、2021年現在の高齢化率は、もっとも高い秋田県で38.1％、もっとも低い東京都で22.9％だ（内閣府編 2022：11）。

　集落レベルでみていくと、極端に高齢化率が高い地域もある。大野（1991）は、高齢化率が50％を超えて共同体の機能維持が限界に達している集落を「限界集落」と定義した。「限界」と呼ばれた後、人が暮らさなくなり、消滅集落となる。総務省地域力創造グループ過疎対策室（2020）の調査報告によれば、2015年度から2019年度の間に、139集落が消滅（無人化）した。そして、今後10年以内に消滅（無人化）する可能性のある集落は454集落、いずれ消滅（無人化）すると予測される集落は2,744集落としている。

　これらの集落の多くは、「山奥／中山間」「離島」にある。集落の人口は減少し、減少すると不便になる。人口減少にともなって、小学校・中学校が廃校になる、保育園が閉園になる、農協が撤退する、（市町村が合併すれば）役所の機能

は支所機能のみになる、郵便局がなくなる、診療所がなくなる、買い物する場所がなくなる、バスなどの公共交通機関がなくなる。不便になるとさらに人口は減少する、そしてさらに不便になる。

暮らしたい場所
からの排除「そんなに生きづらいなら、便利な場所に引っ越せばいい」「そんな場所で暮らしている人たちがいるから、行政サービスの効率が悪いし、税金の無駄遣いだ」という声が聞こえてくる。積極的な効率化をめざす考え方が、「**コンパクトシティ**の推進」だ。

　国土交通省が2014年に発表した「国土のグランドデザイン2050――対流促進型国土の形成」では、基本的な考え方として「(1)コンパクト＋ネットワーク」を提唱している（国土交通省 2014）。「人口減少下において、行政や医療・福祉、商業等、生活に必要な各種サービスを維持し、効率的に提供していくためには、各種機能を一定のエリアに集約化（コンパクト化）することが不可欠であり、これにより各種サービスの効率性を確保することができる」というのだ。加えて、「各地域をネットワーク化すること」を同時に論じてはいるものの、サービス提供を成立させるためのマーケットの確保の問題として取り上げているのみで、人々の暮らしの維持の問題として取り上げられてはいない。そして、他の項では「急激な人口減少や巨大災害の切迫という状況下で、住み慣れた地域に住み続けたいという思いをかなえることが難しくなっていく」とした。

　また、基本戦略では行政や各種サービス業を集約化・高度化してコンパクトな拠点を作り、交通および情報ネットワークで住民と結んだうえで、誘導策などによって住民の住む場所を集約化するとした。つまり、コンパクトシティとして拠点化した地域に人々が移住するように誘導していくことを明記している。しかし、「誘導策等により居住地の集約化を進める」のは、本人が移住を希望しているように見せかけた「集落からの排除」とはいえないだろうか。

3 地域住民のパワーレス化

暮らしつづけられない？自分が生まれ育った、または移り住んだ集落が暮らしにくくなることは、その本人たちが望んだことでは

ない。その集落には、他にはないお祭りなど、独特の文化や習慣、方言があり、人と人の豊かなつながりがあり、知恵や価値がある。それらは土地の気候や起伏、建物、歴史と結びついており、集落の持つ多様性の根拠でもある。集落の不便さがますます深刻化し、生活に不利な状況が生み出されつづけるなかで、住民が近隣の便利なまちに引っ越しせざるを得ない状況は、集落を消滅へと導いていく。それは同時に、わが国における集落の多様性の消滅でもある。

　筆者は、高齢化が極端に進み人口減少が著しいある集落で、20歳以上の住民全員を対象としたアンケート調査を実施したことがある。「一人暮らしになったらどこで暮らしたいか」を「元気な場合」「生活上の支援が必要になった場合」のそれぞれについて質問した。「現在の集落で暮らし続けたい」「他の市町村にいる家族の家に同居したい」「他の市町村で一人暮らしがしたい」という選択肢に対して、2019年のアンケート調査では、「元気な場合」では65.9％の回答者が「現在の集落で暮らし続けたい」と回答しているのに対して、「生活上の支援が必要になった場合」では41.4％までに低下した。このことが示しているのは、生活上の支援が必要になった場合にこの集落での生活をあきらめざるを得ないと考えている人が約25％もいるということと同時に、生活上の支援が必要になってもここで暮らしつづけたいと考えている人が約40％もいるということである。「暮らしたいけれど暮らせない」という人たちと「なんとかして暮らしていきたい」という人たちの希望を、どうすれば叶えることができるだろうか。

パワーレス状態　　　筆者が同じ集落で行ったインタビュー調査の結果からは、この集落の人々が弱い立場に置かれていることがわかる。これからの生活について質問したインタビューでは、「ここに暮らし続けたいというのは私たちのわがままだから、もっと公共サービスを充実させてほしいという声は上げられない」という暮らしつづけたい自分たちに対する自責の念や「先のことなんて考えたら頭がおかしくなってしまうから、考えたくない」という問題が深刻過ぎて向きあえない気持ち、「子どもたちには、ここにいたらダメになるから、帰ってくるなと言っている」という自分の気持ちと矛盾した将来世代へのメッセージ、「もうどうせ無理なんだから、何もし

ない方がいい」というあきらめがうかがわれる。

　介護サービスを利用しない理由については、「人の手伝いが必要な人はダメな人だからサービスを利用することは恥ずかしい」という価値観や「サービスが必要になったと言えば、子どもたちが一人暮らしを続けさせてくれない」という関係性も垣間見える。

　現在の生きづらさはこの集落で暮らしつづける自分たちの責任によって発生していて、そのような選択をする自分たちはその責任を負わなければならないが、一方でこの生きづらさを解決することはできない。自分たちではこの状況をコントロールできない。上記で引用した声からはこうした無力感を読み取ることができる。つまり、アンケートやインタビューの結果からは、社会の状況によって生活に不利な状況が生まれている集落で暮らす人々のパワーレス状態が観測されたといえる。では、生活の当事者である集落で暮らす人々とともに、このパワーレス状態を乗り越え、生きづらさを変え、自分の生活へのコントロールを取り戻していくためにはどうすればよいのだろうか。

ワーク2

(1)コンパクトシティを推進すべきか否か、推進肯定と推進否定の両方の立場から、主張の根拠を検討しよう。
(2)(1)で検討した主張の根拠について、その根拠を崩すような反論を検討しよう。
＊(1)(2)ともに、インターネットなどを使って調べてよい。

4　奪われた地域住民のパワーを取り戻す

「周縁化集落」　この生きづらさは、この集落で暮らす人々の責任だろうか。「限界集落」という表現には、「集落がみずから限界を導いた」という印象がある。住民に責任があるように聞こえてしまう。実際には、集落の人々にはどうにもできない社会の動きが、人口減少を招き、多くの生活に必要な資源を奪った。そして、生活の不便は深刻化し、生きづら

さをもたらした。集落が社会の変化によって崖っぷちに追い込まれた、「**周縁化集落**」と呼ぶ方が現状を表していると思う。

　いつか集落が消滅する可能性はある。転入者がまったくいなくなれば、流出する一方となり、人口は減少しつづけ、いずれゼロになる。効率的ではないという理由で生活に必要なものが奪われ、地域での生活が極端に不便になり、比較的近くに便利なコンパクトシティが構築されていれば、住民の流出は必然だ。しかし、それが計画・効率化の名のもとに人為的・意図的に生きづらさを引き起こそうとする試みは、地域住民の権利を侵害するものといえる。そして、集落の消滅が繰り返された結果、まちは多様性を失い、人々のその人らしい生活は奪われていく。

　第1節で検討したように、人にはそれぞれ、暮らしたい場所・暮らしやすい場所がある。新型コロナウイルスの感染拡大によって、中山間地域などでの生活の価値を見直した人たちもいた。移住や施設入所を前提とするのではなく、誰もが暮らしたい場所・暮らしやすい場所で可能な限り暮らしつづけられるよう生活を保障する立場から、政策を検討する必要があるのではないだろうか。

　地域住民の
　エンパワメント

そこで、社会の変化や政策的なアプローチによって抑圧され、周縁化された集落でパワーレス状態に陥っている地域住民に、もう一度パワーを取り戻すことが必要だ。地域の未来は、地域住民がみずから決める。地域住民の全員が同じ考え方や価値観を持っているわけではない。まずは現在の集落の状況を生み出したのは自分たちの責任ではないことを認識し、自分たちが置かれている不利な状況と持ちうる権利を理解することが必要だ。

　生活に必要な資源が不足する状況下において、地域住民が自分たちで助けあい・支えあうことで解決できる「生きづらさ」もあるだろう。しかし、その前にすべての人々に配分されるべき生活に必要な資源が、「効率的ではない」「収益が見込めない」という理由で十分に配分されていない状況を変えていく必要がある。そして、奪われた資源を取り戻していくために、地域住民がともに声を上げていかなければならない。パワーレス状態となっている地域住民は、みずからが持ちうる権利をあきらめざるを得ない状況に置かれ、その権利を主張

できない状況に置かれている。**地域住民のエンパワメント**を進め、周縁化集落が生活に必要な資源を取り戻していくことを通して、人々が生きづらさを抱えている状況を変えていくためにはどうすればいいか、私たちは他人事にせずに考えていかなければならない。

ワーク3

　どうすれば人々が自分の住みなれた場所や暮らしたい場所で暮らすことができるのか、グループで話しあって、アイデアを出しあおう。常識やこれまでの前例にとらわれず、「人は住みなれた場所・暮らしたい場所で暮らしつづける権利がある」という前提に立って、考えてみよう。

キーワード

コンパクトシティ

　都市中心部にさまざまな機能を集めることによって、相乗的な経済交流活動を活発化させ、持続可能な暮らしやすい街をつくっていこうとする、考え方である（国土交通省 2004）。居住区の集約による道路や上下水道などのインフラの利用効率向上、介護などの福祉サービスの提供に要する移動時間の短縮など、行政サービスの提供の他、民間事業者が需要密度の高い地域に立地できるため、多様なサービス提供が維持されるとしている。

周縁化集落

　人口が減少・高齢化し、集落の機能や生活に必要な資源が失われていく原因を、住民の力の限界という内的な理由のように印象づける「限界集落」に対し、「周縁化集落」は、社会の変化によって人口減少・高齢化が進行し、集落の生活に必要な機能や資源が奪われ、集落での共同生活が持続できないパワーレス（無力な）状態に追い込まれた集落を指す。

地域住民のエンパワメント

　地域住民自身が地域の生活課題に向きあい、主体的に課題を解決しようとすることをめざして地域住民がパワーを獲得していく過程および結果を指す（渡辺 2006）。「地域への影響力意識」と「地域の問題の共有意識」によって把握される。すなわち、地域住民がみずからの権利が侵害されていることによって生きづらさが発生していることに気づき、その現状を変えていくことができるという意識とそれを共有しようとする意識を高めることである。

ブックガイド

鎌田華乃子『コミュニティ・オーガナイジング——ほしい未来をみんなで創る 5 つのステップ』英治出版、2020 年

　地域で暮らす人々が、自分たちの抑圧された状況に気づき、力をあわせて社会を変えていくためにはどうすればいいのか、小学 5 年生のカナメが、教頭先生に奪われた自由な昼休みを取り戻すストーリーを通して、わかりやすく解説している。

増田寛也編『地方消滅——東京一極集中が招く人口急減』中公新書、2014 年

　減少を続ける若年女性人口の予測から、将来、896 自治体が消滅していく可能性を指摘し、大きな話題となった「増田レポート」を書籍化したもの。日本創成会議・人口減少問題検討分科会（座長・増田寛也）のメンバーによって執筆され、国の考え方がよくわかる書籍である。

小田切徳美『農山村は消滅しない』岩波新書、2014 年

　前出の『地方消滅』のもとになった増田レポートに対してその根拠の矛盾を指摘している。また、地方を歩き丁寧に情報を収集し、農山村の再生をめざす地域づくりについて事例をもとに記述している。

第 **3** 章

認知症になると何もわからなくなるの？
—— 認知症、意思決定支援、権利擁護

綾部貴子

1 認知症ってどんなイメージ？

「私の大事な娘の○○ちゃんよ。かわいいでしょ。生まれて3か月なのよ。子育ては忙しく大変。あなたもうちの子抱いてみる？」

人形を抱えてこう話すのは80代の女性である。彼女は人形を大事に抱いて、生きた人間のように愛おしそうに見つめながら声をかけたり、笑顔で私や他のスタッフと話すのだった。家族の話によると、彼女は戦争中に幼かった自分の娘を亡くしていた。これは**認知症**の症状を示すエピソードの一つであるが、あなたは"認知症"についてどのようなイメージがあるだろうか。

認知症に対するイメージについての内閣府の調査によると、「認知症になると、身の回りのことができなくなり、介護施設に入ってサポートを利用することが必要になる」がもっとも多く40.0％、「認知症になっても、医療・介護などのサポートを利用しながら、今まで暮らしてきた地域で生活していける」32.6％、「認知症になると、症状が進行してゆき、何もできなくなってしまう」8.4％、の順となっている（図3-1）。

認知症は、まず症状として記憶障害や理解・判断力の症状、実行機能障害など（各症状の内容は次節で述べる）が現れるため、「身の回りのことができなく」なるというイメージが形成されたと考えられる。また、認知症は、明治末期より2004年まで長年の間「痴呆」と呼ばれてきた。「痴呆」という表現は、侮辱的かつ否定的な表現であり、何もわからなくなってしまう、できなくなってしま

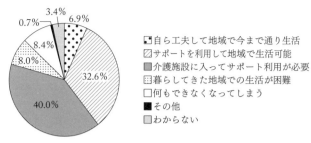

図 3-1　認知症に対するイメージ（内閣府政府広報室（2019）より作成）

うというイメージが社会に広がり、それにともなう本人や家族の羞恥心などが早期発見や早期治療の妨げになっていた。

　しかし、症状の進行度には個人差があること、個人によってできることがいろいろあることなど、当事者がその心情や体験を講演したり、出版したりすることで、世間一般の認知症に対するイメージの誤りが明らかになってきた。そして、2004年に「痴呆」から「認知症」へと呼称が変更され、現在に至っている。

　本章では、認知症とは何か、認知症高齢者の数、症状、介護をしている家族の気持ちを述べていく。さらに、認知症の人たちに、私たちは何ができるのかを考えてみたい。

2　認知症って何？

認知症の定義と種類　　認知症とは、さまざまな脳の病気により、脳の神経細胞の働きが徐々に低下し、認知機能（記憶、判断力など）が低下して、社会生活に支障をきたした状態（内閣府大臣官房政府広報室 2023）をいう。介護保険法第5条の2では、「アルツハイマー病その他の神経変性疾患、脳血管疾患その他の疾患により日常生活に支障が生じる程度にまで認知機能が低下した状態として政令で定める状態」と定義されている。

　アルツハイマー型認知症は、脳の細胞が失われ、脳が萎縮することによって発症する。また、脳血管性認知症は、高血圧や糖尿病といった生活習慣病が主な原因で、脳出血や脳梗塞などで脳の血管が詰まり、一部の神経細胞に酸素や

栄養が行き渡らなくなり細胞が死ぬことで発症する。アルツハイマー型認知症は全体の約 70 ％、脳血管性認知症は約 20 ％で、この 2 種類が認知症全体の約 9 割を占めている（朝田 2013）。

　国内の認知症高齢者数について、2012 年は 462 万人であった。2025 年には約 700 万人と 65 歳以上の 5 人に 1 人ほどが認知症高齢者となり、今後も増加していくと推計されている（二宮 2015）。

認知症の症状

認知症の症状は、脳に直接現れてくる中核症状と本人の性格や住環境、人間関係などの生活環境に影響を受けて現れる行動・心理症状に分けられる。図 3 - 2 で示しているように①中核症状が現れると、②環境（家族や友人などの人間関係、生活をしていくうえでの自宅の設備といった物理的な環境、生活している地域の環境）や本人の性格などがからみあい、本人の日常生活での行動や心理面に影響を受け、③行動・心理症状として現れる。したがって、③は②を整えることにより改善される可能性もある。

　中核症状には、記憶障害（物事を思い出せない、覚えられない）、理解・判断力の障害（考える速さが遅くなる、銀行の ATM でお金をおろすことが難しくなる）、実行機能障害（計画を立てて行動することが難しくなる）、見当識障害（時間、場所、自分と相手の人物との関係がわからなくなる）が含まれる。本章冒頭に挙げた 80 代女性の言動は、この見当識障害の表れとみなすことができる。

　行動・心理症状には、妄想、幻覚、興奮や暴力（感情のコントロールが難しくなる）、行方不明、せん妄（ひとりごとが多くなる、落ち着きがない）、うつ状態、不安や焦燥、人格の変化（昔、温厚だった人が短気になる）、不潔行為、徘徊などが挙げられる。

　それでは、認知症になると何もかもがわからなくなるのだろうか。認知症の症状は軽度から重度まで範囲が広く、症状の進行も個人差がある。症状の度合いや進行によっては、できることが残っている（たとえば料理）。患者一人ひとりの発症時期や症状の度合い、どのような環境で暮らしているのかを理解することが大切である。

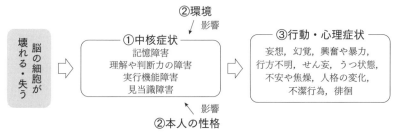

図 3 - 2　認知症の症状

　認知症の症状と似た状態に、もの忘れがある。加齢によるもの忘れは情報や体験したことの一部を忘れるのであって、想起（前にあった出来事をその後思い出す）機能の低下によるものである。これに対し、認知症は、記銘（新しい事や言語を覚える）機能が低下し、実際に自分自身が体験した出来事自体を忘れる（昔あった出来事は覚えていることもある）。そのようなことを理解しながら介護をしたりコミュニケーションをとったりすることも大切である。

　認知症の人の多くは、最初に自身の症状に気づいたとき、できていたことができなくなることや忘れていくことへの不安、受け入れられない苦しみ、悲しみ、落ち込み、混乱などがあり、感情面も繊細になる。誰よりも認知症本人自身が一番悩み、つらい思いをしていることを、私たちは忘れてはならない。

ワーク1

　加齢によるもの忘れと認知症による記憶障害の違いについて具体例を1つずつ出してみよう。

3　認知症の人に私たちは何ができるのか

認知症の人と
実際に話してみる　認知症について正しい知識を学ぶことはもちろんだが、認知症の人とのかかわりから症状を観察し心情を読み取ることは、認知症へのより深い理解につながる。

図 3-3　認知症の人の世界と私たちが生活して生きている世界

　認知症の人には彼らが見ている、認識している、体験している世界がある。これは、「内的世界」ともいわれる（日本認知症ケア学会編 2004：69）。図 3-3 で示しているように、認知症の人と実際にかかわる場面では、認知症の人の内的世界と私たちが認識・体験している世界とが異なることもある。それぞれの世界が異なることを意識してかかわってみる。言い換えれば、認知症の人の内的世界に入って、考えてみることが肝要である。

　事前にその認知症の人にどのような症状があるのか、また、これまで本人が生きてきた背景などの過去の情報を知ることは内的世界を理解するうえでの手がかりになる。認知症の人がどうしたいのか、一緒に考えてみるなどの寄り添う支援が求められる。

　　　　　　　　　　　寄り添う支援の一つに、**意思決定支援**がある。認知
支援の方法　　　　　　症の人自身が自分の意思にそって暮らしていくことは
重要である。しかし、症状や進行により意思表示が難しい場合もある。まず、かかわる側は、認知症の本人が何かを決めるときに必要となる情報を、認知症の状態に応じて理解できるように伝える工夫が大切である。本人が表した意思や好みなどを確認し、そのことを尊重することから始まる。本人が言葉で意思を表すことが難しい場合は、本人の表情や態度から本人の思いを読み取る。

　かかわる側の接し方も重要である。認知症の人が安心して自分の思いや意思を出しやすいような態度で接すること、すなわち、話しやすい雰囲気づくりが

必要である。また、本人が表した言葉や態度をそのつど確認する姿勢も重要だ。急がせないように認知症の人のペースにあわせて、表情を観察しながらゆっくりと話す、わかりやすい言葉で話をする、オープンクエスチョン（相手が自由に答えることのできる質問内容）やクローズドクエスチョン（相手が「はい」もしくは「いいえ」で答えることのできる質問内容）を使い分ける、本人にとって話しやすい時間帯や場所を選ぶことも大切である。

　認知症になると何もかもがわからなくなるわけではない。前述したように認知症の症状には個人差がある。症状や進行によってもできることが異なる。本人の嗜好や意欲、趣味、持っている能力を引き出すなど、ストレングス（相手の長所や強み）の視点を活用し、その人らしい生活を続けられるようにしていかなくてはならない。

認知症高齢者を支える制度や専門職

　認知症の人が生活していくなかで、高齢者虐待や消費者被害にあうことや、金銭管理や通院や介護サービスの利用の手続きが難しくなることもあり、人としての権利（人権）が侵害されないように**権利擁護**をするための支援制度、たとえば、養護者に対する支援を含む高齢者虐待防止法や消費者保護のためのクーリングオフ制度などを知っておきたい。

　「介護が必要となった主な原因」では、「認知症」がもっとも多くなっている（厚生労働省 2019）。認知症高齢者を支える制度の一つに介護保険制度がある。介護保険制度には、認知症高齢者が利用できるグループホーム（認知症対応型共同生活介護）、施設（介護老人福祉施設）、ある場所に通い日中過ごすデイサービス（認知症対応型通所介護）、自宅で利用できるホームヘルプサービス（訪問介護）、地域の相談機関（地域包括支援センター）などがある。

　専門職には、介護福祉士やホームヘルパーなどの資格を持つ介護職、社会福祉士や精神保健福祉士やケアマネジャーの資格を持つ相談援助職、医師や看護師、保健師、理学療法士、作業療法士などの資格の医療職、役所の行政職員がいる。専門職と協力しながら、民生委員や町会長などの地域の関係者も認知症高齢者を支えている。

ワーク2

　認知症のさまざまな症状のなかから1つ選び、具体的な場面を設定してみよう。もしあなたがその症状となった場合、生活していくなかで困ることはあるか？　また、その場合の解決方法（かかわり方、生活環境の工夫）について、アイデアを出してみよう。

4　これからの家族と地域

家族の感情

　　　　　　認知症の症状を理解したうえで、高齢者を支援する方法や注意点についてみてきたが、最後に家族と地域はいかに対応していくべきかについて触れておこう。

　認知症の人と家族の会が行ったアンケートによると、家族には以下のような否定的・肯定的感情が存在している（認知症の人と家族の会 2012）。

　否定的な感情は、認知症の人との意思疎通がうまくいかないことからのつらさや悲しさ、介助することの大変さや睡眠不足から生じる心身の疲れ、情けなさや自己嫌悪からくる不安、地域や他の家族との関係のなかで生じる孤独感や孤立感、憤りや落ち込み、制度の制限や経済的な苦しさなどが挙げられる。

　肯定的な感情は、認知症の人や家族、専門職の優しさに触れた、認知症の人から前向きに生きていくことや人の痛みを学んだ、自身を見つめなおすことができた、相手への思いやりをもてるようになった、本人から感謝されたなどが挙げられる。

　これらの感情は、人が認知症となった時期（初期から数年介護を行ってきた段階まで）や他の家族や専門職との人間関係の状況によっても異なる。認知症が発症した前半の時期に家族は、とまどいやショック、受け入れられないといった否定、混乱に陥ることが多い。福祉や医療サービスの専門機関から支援を受け認知症の情報を得たり、家族会への参加を通して、認知症について受け入れるようになる家族もいる。

地域で認知症を受け入れる

認知症の人や家族が安心して暮らしやすい共生可能な地域社会づくりが求められている。

各地域の認知症の理解を促すための取り組みが厚生労働省のホームページで公開されている（「各地の取り組みについて」）。そのうちのいくつかを紹介しよう。

小中学生を対象に認知症関連の本の読書感想文を募集したイベント（大阪府富田林市）、認知症や関係相談窓口を描いたマンガの作成（島根県）、認知症行方不明者の早期発見につなげるための見守りシール（熊本県大津町・益城町）、認知症カフェを開催し本人どうしが自身の思いや希望を語りあう場の提供（東京都稲城市）、コロナ禍でタブレット端末を無償提供しリモートで会話を行う認知症カフェの開催（神奈川県）などがある。

大学生がかかわった地域での取り組みでは、大学生のボランティア活動が起点となり、大学、学生、町内会、医療や福祉関係機関、商店、当事者の家族がつながりを持ち、認知症高齢者でも農作業や就労を続けられるようなしくみづくりを実施している（北海道当別市）。

人は皆、年を重ねていく。あなたもあなたの家族も年を重ねていく。誰にでも認知症になる可能性はある。自分がもし支援をしてほしい状況になったとき、どのように接してほしいのか、どのように地域で暮らしたいと思うのか、一度自分事として考えてみることも、認知症の理解を深めるきっかけになるだろう。

ワーク3

認知症の人も私たちも一緒に安心して暮らしていくためには、どのような地域づくりが必要か。第4節で挙げた具体例を参考に、具体的な地域を思い浮かべて、自由な発想で企画してみよう。インターネットでヒントになる情報を調べてそれを参考にしてもよい。

キーワード

認知症

　2004 年に、有識者で構成される「痴呆」に替わる用語に関する検討会によって、「痴呆」から「認知症」に呼称が変更された。「痴呆」は、本人への侮蔑感を感じさせる表現であること、実態を正確に表していないこと、早期発見・早期診断などの取り組みの支障になることなどの理由から、「認知症」に変更された（厚生労働省 2004）。

意思決定支援

　支援者が、認知症本人のできることを活かし、本人の意思にそって生活ができるよう寄り添う支援をすること。厚生労働省（2018：2）は、「認知症の人であっても、その能力を最大限活かして、日常生活や社会生活に関して自らの意思に基づいた生活を送ることができるようにするために行う、意思決定支援者による本人支援をいう」と定義している。

権利擁護（アドボカシー）

　対象となる人の権利を守り、尊厳を保持し、その人らしく暮らしていくことができるように擁護・代弁することで、アドボカシーともいわれる。認知症の人の権利擁護のための制度には、高齢者虐待防止法やクーリングオフ制度、成年後見制度や日常生活自立支援事業などがある。

ブックガイド

矢吹知之・丹野智文・石原哲郎編『認知症とともにあたりまえに生きていく──支援する、されるという立場を超えた 9 人の実践』中央法規出版、2021 年

　当事者および支援者両者がそれぞれこれからの認知症のケアのあり方について論じている。本書は"ともに"という言葉がキーワードとなっており、認知症の人とともに暮らしをつくる地域社会の重要性が述べられている。

長谷川和夫・猪熊律子『ボクはやっと認知症のことがわかった──自らも認知症になった専門医が、日本人に伝えたい遺言』KADOKAWA、2019 年

　著者の長谷川は、"痴呆"から"認知症"への呼称の変更を提唱し、「長谷川式簡易知能評価スケール」を開発するなど、認知症の専門医、研究者として第一線で活躍した。その後、みずからも認知症を患った。本書では、認知症とは何か、日本の認知症の歴史に加え、当事者の立場からの心情も述べられている。対象者は人であり、疾患だけでなく心情が存在する。介護の実践者が対象者やその家族に支援をしていくうえで重要なヒントが述べられている。

メイヤロフ、M.『ケアの本質──生きることの意味』田村真・向野宣之訳、ゆみる出版、1987 年

　本書は、ケアを必要とする人やケアをしているすべての人へのメッセージ本である。人が人を支えるとはどのようなことなのか。認知症の人への介護について、特に相手の要求をどう理解し、いかに向きあうかについて、考えるうえでもヒントになる一冊である。

第 **4** 章

なぜ人がもののように売られるの？
── 人身取引、児童労働、外国人労働者の搾取

南野奈津子

1 世界では今も人が売られている

奴隷や人身取引は
遠い世界の話？

　鎖につながれて歩く、あるいは綿花栽培をさせられている有色人種の人々。または遠い国で暮らす暗い表情の子どもたち。「**人身取引**」「**奴隷**」と聞いて思い浮かべるのは、かつて歴史の教科書で見たような、こうした人々の姿だろうか。

　国連薬物犯罪事務所（UNODC）は、人身取引の被害者が約 4 万 9 千人いると報告した（UNODC 2020）。また、国連国際労働機関とオーストラリアのNGO は、世界で 4030 万人以上の人々が「現代奴隷」の状態におかれていると報告している（ILO 2017）。一方、こうした状態を防止するため、イギリスでは 2015 年に「2015 年現代奴隷法」が、そしてアメリカ・カリフォルニア州では 2010 年、フランスでは 2017 年に同様の法律が成立している。オーストラリアでも 2018 年に「2018 年現代奴隷法」が成立し、カナダでも 2023 年に「サプライチェーンにおける強制労働・児童労働の防止に関する法律」が成立した。

　アメリカの国務省人身取引監視対策部は、世界における人身取引の実情と評価を「2021 年度版人身取引報告書」で公表したが、そのなかで、日本政府による人身取引に対する取り組みや、被害者の保護体制が不十分だと指摘している（U. S. Department of State 2021）。

　人身取引（売買）、そして現代奴隷の被害者が 4000 万人以上というのは、日本の人口の約 3 分の 1 に相当する。近年になって「奴隷」という言葉がついた

法律が複数の国で成立し、他方日本には適切な法律もなく、「人身取引対策が甘い」との指摘を受けている。この事実を、あなたはどう感じるだろうか。

ワーク1

　「人身取引」「日本」の語をインターネットで検索して、日本の具体的な「人身取引・売買」の例を調べてみよう。そして、被害者、加害者、行われる場所、出来事、などを書き出そう。

人身取引、現代
奴隷とは何か

　そもそも人身取引そして現代奴隷とは何か。人身取引とは、搾取の目的で、暴力その他の形態の強制力による脅迫や詐欺、権力の濫用、あるいはぜい弱な立場につけ込み、他の者を支配下に置くようなかたちで人を獲得、輸送し、引き渡すことを指す（外務省 2017）。搾取とは、ある人の労働に対しそれに見合う報酬を与えず、立場を悪用して資源や能力を不当に奪い取ることである。具体例としては、恋愛感情を利用されて他人との援助交際を強要されること、借金返済のために売春を強要されること、児童が性的サービスを強要されること、そしてパスポートを取り上げられて強制労働させられること、などがある。

　では現代奴隷についてはどうか。定義は確立されていないが、国際的には「脅迫、暴力、強制、詐欺、および／または権力の乱用のために人が拒否や逃避ができないような搾取状況」で行われるとされる。こうしてみてみると、実はこうした事例は私たちの社会にもあるのかもしれない、と思えてくるのではないか。

　人の体に値札がつけられて売られ、働かされることが人身取引や現代奴隷なのではない。**児童労働**、そしてさまざまな形式での暴力により、人間としての権利を剥奪するような労働の強制や搾取行為が人身取引なのだ。それは、日本を含む世界中で今も行われている。

　奴隷といえる状態の人々が実はとても身近な場所にいるのに、私たちはなぜその存在に気づかないのだろうか。その理由は、私たちが「そういうもの」としてそれをみていないからではないか。たとえば、2020 年に児童虐待防止法が改正され、子どものしつけを名目とした体罰は児童虐待である、という内容

の文言が追記された。「厳しいしつけ」は「虐待」であると認識することで、「虐待って実は身近なところで起きていたんだな」と思えるようになる。私たちの目は、身近にいるにもかかわらず、人身取引や現代奴隷の被害者をそうしたものとして捉えていない。だから、姿を目にしてもそのまま素通りしていく。

　次節では、児童労働や女性の性的搾取、そして日本での**外国人労働者の搾取**について掘り下げてみよう。

2　被害者の実態

児童労働

　2020年はじめには、1億6千万人以上の子どもが児童労働に従事しているとされる。これは、子どもの総人口の約1割だ（UNICEF／ILO 2021）。特にいわゆる「サブ・サハラ地域」（サハラ砂漠より南のアフリカ地域）の国々やインドに多い。

　こうした子どもたちは、親や保護者から引き離され、強制的に働かされることも多い。紛争地帯では、少年兵として強制的に訓練されるケースもある。子どもたちは、安全管理が十分に行われない環境で農業、漁業、ごみ拾い、物売り、家庭内での労働などに従事している。その賃金はとても安い。雇用者や親から暴力を受けたり、学校に通うことができていなかったりする子どもも少なくない。心や体の健康がむしばまれるだけではなく、その後の人生を生きていくために必要な知識を得る機会も失った生活を強いられている。

女性の性的搾取

　世界の人身取引被害者のうち65％は少女・女性で、その7割以上は性的搾取を目的とした人身取引だ（UNODC 2020）。性的搾取とは「借金の返済との名目で売春を強要される」「接客業といわれて就いた仕事で、性行為を強要される」「家を出た少女に住居を提供するとの名目で性暴力を振るう」などの行為だ。その際、拒むと暴力を振るったり、脅したりすることで、逃げられないようにする。

　未成年の少女が児童労働というかたちで、雇用者から売春をさせられたり、性的虐待を受けたりする事例もある。国際的な犯罪組織により行われるものもあるが、日本でも毎年こうした事件が起きている。

外国人労働者の搾取 　「〇国で働けば月---稼げる」と持ちかけられ、ブローカー（あっせん業者）に多額の手数料を払って働きに出たところ、パスポートを没収され、過酷な労働を強要され、仕事を辞めたり転職したりすることも許されない。

　これは、世界で起きていると同時に、日本の技能実習制度でも起きている。実際、外国人を現代奴隷の状態においているとして、国内外で批判された。技能実習生が、超過手当のない長時間の時間外労働や、安全管理体制が整備されていない状態での危険な作業に従事させられる、劣悪な住居環境に置かれる、などの問題が起きていることが報告されてきた。2020年には、5,000人以上の技能実習生が失踪している（厚生労働省 2021）が、劣悪な労働環境も彼らの失踪の一因であると指摘されている。

現代奴隷法の成立
が意味すること 　イギリスやオーストラリアでの現代奴隷法は、売上高が一定以上の企業に対し、事業での生産や管理、配送などの過程で強制労働や劣悪な環境での労働、悪質な児童労働などが行われていないか、そしてこうした奴隷的労働を防ぐための方針や対応の実施状況について報告することを義務づけた。

　では、なぜこのような法律が今の時代になって必要なのか。それは、「良い仕事がある」と言われて連れて来られ、奴隷的な労働をさせられた人々、家族と暮らすことができない事情を抱え、望まない結婚、あるいは性行為を強要され、逃げられない少女や女性たち、そして学校に行くことなく働く子どもたちがいる、ということだけではなく、そうした状況の背景に先進国の生産システムもかかわっていたからなのだ。

3 なぜ人が売られるのか

貧困は子どもが
売られる大きな要因 　人が売られる事例の一つである児童労働が起きる大きな要因は、貧困だ。家庭が貧しく子どもの数が多いと、子どもは家計を支える稼ぎ手となることを余儀なくされる。国連の「子どもの権利条約」は「初等教育を義務的なものとし、かつすべての者に対して無

償とすること」としている（第1章参照）。しかし、特に途上国では初等教育制度が整備されておらず、就学が有償であることも多い。それが、貧困家庭の子どもが学校に通うことをあきらめ、働くことを選ぶ状況を生んでいる。さらに、児童の方が大人よりも安価な労働力であるとして、児童労働をあっせん、または容認する大人がおり、児童労働を禁ずる制度が社会的に機能していないことも、児童労働の根絶を阻んでいる。

　女性の性的搾取でも、貧困は大きな要因となっている。18歳未満での結婚は「児童婚」とも称され、「嫁ぐことで家族の経済的負担を減らす」「結婚での持参金は年齢が幼い方が少なくて済む」などの理由で、少女がかなり年上の男性との結婚をなかば強制的にさせられるケースが多い。児童婚が行われる社会での女性の地位の低さ、古くからの伝統的な社会慣習などに加えて、民族間・または国家間での紛争状態にあり、社会が荒廃している状況も、子どもや女性が商品として扱われ、性暴力の被害にさらされやすい状況を生む。

　　　労働者の雇用　　　外国人労働者の搾取にも、貧困や経済的事情がかか
　　　と搾取の構造　　　わっている。外国人労働者の多くは、母国の家族に仕送りし、家計を支えるために異国で働くことを選んでいる。日本の外国人技能実習生を例にとると、来日する、多くはアジア出身の技能実習生は、母国での2、3年分の所得に相当する額を、紹介料や事務手数料他、という名目であっせん団体などに払っている人が少なくない。彼らの多くはそうしたお金を借金で賄っており、来日後に得た給料で返済するプランを立てている。そうなると「その借金を返すまでは仕事を辞められない」という状況になり、ひどい環境でも脱出しづらくなる。

　日本の技能実習制度の本来の目的は「日本でさまざまな技能を学び、母国に帰ってそれを活かすための国際貢献制度」である。しかし、実際には農業や水産業、縫製業など、日本で労働力が不足している分野で安い労働力として利用されているケースは少なくない。生活習慣も言葉もわからない異国で働くこと自体、社会のなかで弱い立場になる。1993年の制度化以降、労働法違反となるような雇用が多く行われていたことが社会問題となり、2017年には実習生の保護に関する規定を含む「技能実習法」（外国人の技能実習の適正な実施及び技能

実習生の保護に関する法律）が施行された。そして、2023年には、技能実習制度の見直しが進められている。

**当事者たち
だけの問題？**

「ひどい、なんとかすべきだ」と思うだろう。ではどうしたら、人が奴隷状態になることなく、人間としての権利を持つ生活を送ることができるのだろうか。「売られてしまう貧しい気の毒な人を搾取するひどい人を処罰すれば解決する」だろうか。

　答えはNOだ。こうした人権侵害が起きる背景には、個人にかかわる要因や家庭の貧困もあるが、地域や国の問題もある。貧困は、国の資源の不足、教育制度や法律の欠如、汚職、国内外での紛争や戦争、自然災害、なども原因となる。これらの課題を解決しなければ、人が奴隷となることがなくなることはないだろう。さらに、子どもや女性、外国人を商品化するような構造を許容する社会的慣習や認識、制度の不足、なども解決が必要だ。先進国の企業の経済活動が、時に途上国の人々の搾取的な労働のうえに成り立っている、という状況を考えても、私たちがどう行動するかが問題解決においてとても重要だ。

ワーク2

　巻末資料「技能実習生　産めぬ苦しみ　過去3年間、産後復帰わずか1.7％　法制度は"建前"　改善必要」（第4章　資料）を読み、①問題を生み出す要因となっていた日本社会の構造的問題は何か、②その構造を許容している社会の認識や慣習とは何か、について考えをまとめよう。

4　私たちができることは何か

**奴隷労働や搾取は
私たちの問題だ**

世界では、紛争や自然災害などの危機的な状況が起きるたびに、社会的弱者の人権が危機にさらされてきた。そして、コロナ禍は、児童婚を強いられる少女の数を増加させたとの指摘もある（UNICEF 2021）。日本では、コロナ禍で仕事が急減したことから、外国人労働者や技能実習生が解雇され、行き場を失って困窮した。

　私たちは、こうした問題を「私たちが暮らす社会の問題」としてみる必要と責任がある。「なぜそんな状況から逃げ出さないのか」「子どもをそんな目にあわせるなんて」と当事者や関係者を非難するだけならば、誰でもできる。しかし、それで問題は解決するだろうか。

　　身近な福祉問題
　　としての人身取引

　奴隷状態に置かれる人々は、貧困問題などを抱え、自分の意思に基づいて学び、働き、心や体を他者と分かちあい、結婚する、という基本的人権が侵害され、その人らしく生きることを、暴力的なかたちでふさがれている。これは、ソーシャルワーク（⇒序章キーワード）が支援の対象とすべき人々の姿そのものだ。また、彼らが身を置いている状況は、ソーシャルワークが大切な理念としている「社会正義」に反している。そして、「人身取引や奴隷的搾取の被害者が子どもや女性、外国人に偏っている」という実態も、ソーシャルワークの「人の多様性を尊重する」という理念とかけ離れている。

　ソーシャルワークが重視する姿勢の一つに「ある問題をみるとき、それを個人的な要因で起きている問題としてみるのではなく、社会の環境の影響を受けた問題として捉え、当事者を取り巻く社会環境に働きかけることで、問題を解決する」というものがある。人身取引や奴隷労働を、自分が今いる社会を含む社会環境のなかで起きている「自分事」として捉え、取り組む。それが、人身取引や奴隷問題とソーシャルワークがつながるべき接点なのだ。

ワーク3

　外国人技能実習生の問題の場合、社会をどのように変えていくことが、問題の解決につながり得るか、話しあって案を出してみよう。

キーワード

人身取引

　人身取引の定義は、2000年に国連で採択された「国際組織犯罪防止条約人身取引議定書（略称）」で示されている。人身取引は巧妙な手口で行われるため、実際の被害者数は統計よりはるかに多いとされている。

児童労働

　国際基準では、児童労働は「義務教育終了年齢前、原則15歳未満の子どもにより行われる労働」とされている。かつ、「18歳未満の子どもが行う、劇薬を扱う業務、粉塵が多く発生する業務などの危険な業務」も児童労働である。ただし、開発途上国では例外として、就業できる最低年齢は当面14歳とされている。

外国人労働者の搾取

　外国人に対して、立場を不当に利用し労働を強制すること。来日手続きや就職先のあっせん費用と称して多額の支払いを請求し、来日後の就業により返済する仕組みに組み込むケース、また「日本で今後も働くことができるかどうかは、雇用主が在留資格を保障するかにかかっている」と圧力をかけ、劣悪な労働環境で就労させるケースなどがある。

ブックガイド

澤田晃宏『ルポ 技能実習生』ちくま新書、2020年

　技能実習生がどのようにして技能実習生となり、どのようなプロセスを経て日本で働くのか、について実例も多く紹介されており、取り巻くシステムの問題も含めて理解できる。

南野奈津子『いっしょに考える外国人支援――関わり・つながり・協働する』明石書店、2020年

　日本で暮らす外国人が直面している生活困難の実情と、その問題が起きる背景について、法律・医療・教育・労働・福祉・難民支援の専門家が解説している。奴隷労働や搾取の被害者にもなりやすい外国人だが、彼らが日本でどのような状況に置かれているのかを理解することができる一冊。

望月優大『ふたつの日本――「移民国家」の建前と現実』講談社現代新書、2019年

　日本における移民の実情と問題について、データをもとに理解することができる。今日本が直面している、移民をめぐる問題を解決するためには、個人、地域、そして制度の改善という政策レベル、それぞれで取り組む必要があることがよくわかる。

第Ⅱ部

「排除」のある
社会を問う

第5章

なぜ路上で暮らす人がいるの？
── 居住、貧困、社会的排除

野田博也

1 住まいを失うこと

通学途中で見かけた男性ホームレス

大学2年生の石神さん（仮名）は、通学途中の駅舎周辺で野宿をしている初老の男性がいつも気になっていたという。その男性は、ほぼ毎日同じ場所で座ったり寝転んだりしていた。真夏も真冬も屋外に居つづけることはつらくないのか、自分でその境遇を選んでいるのか、誰かに助けを求めないのかなどと腑に落ちない思いを抱きつづけていたという。

ホームレス状態とは

その初老の男性はおそらくホームレス状態にあったと思われる。ホームレス状態とは、安定した**居住**を欠いた生活を指す。ある法律では、「「ホームレス」とは、都市公園、河川、道路、駅舎その他の施設を故なく起居の場所とし、日常生活を営んでいる者」（ホームレスの自立の支援等に関する特別措置法第2条）と定義している。自治体や研究者によっては、路上生活者や野宿生活者などと呼ぶこともある。

また、ホームレス状態は、単に居住を欠いた状態を指すだけでなく、解決されなければならない問題との意味あいが含まれている。なぜなら、ホームレス状態は、憲法で保障されているはずの「健康で文化的な最低限度の生活」を享受できず、人間としての尊厳を損ないうるものであるからに他ならない。

しかし、ホームレス状態の人々が起居する公共空間は、居住のある人々もふ

だん利用する場である。そのため、公共空間の利用をめぐって両者のコンフリクト（対立・争い）が生じやすく、ホームレス状態の人々は、公共空間を不法・不当に占有する逸脱者（「不法占拠者」など）とみなされるおそれがある。それを「解決」する方法として、ホームレス状態の人々を公共空間にとどまれないようにするような一方的な介入が行われることもある。

　もちろん、それは一面的な公共空間対策であって、ホームレス状態の人々の尊厳に配慮しつつ、その生活の向上と維持をめざす方法ではない。ホームレス状態の解決にどう取り組むのか、地域社会における社会福祉の成熟度が問われることになる。

貧困と社会的排除 ｜ 本章では、ホームレス状態に置かれている人々について理解を促すとともに、そこからみえてくる社会福祉や地域福祉の課題を提示したい。

　このホームレス状態を捉える際の重要な用語（概念）が**貧困**と**社会的排除**である。まず、貧困とは、衣食住などをはじめとする基礎的なニードを満たすために自由に使える物やお金がなく、健康の維持や社会とのつながりが損なわれた状態を指す。

　社会的排除とは、貧困と重なる部分があるものの、生きている地域社会で当然とみなされる機会や場所、制度などを利用することや参加することができない状態やその過程を指している（序章参照）。ホームレス状態は、一般的な貧困の測定基準からすれば深刻な貧困（極貧）に相当し、社会的排除としてみても典型的な問題像として理解されている（岩田 2007；2008；後藤 2013）。

2 ホームレス状態の実態と理由

日本でホームレス状態
が問題化した経緯 ｜ ホームレス状態が日本で社会問題になったのは1990年代に入ってからである。経済不況を契機に東京や大阪などの大都市で住居を失った人々が増え、民間団体の支援活動が活発になるとともに、メディアの注目も高まった。また、この頃は、社会保障支出の伸びをできるだけ抑制し、規制緩和によって市場経済を活性化させる「新自

由主義」的な政策が日本でもいっそう顕著になっていった時期でもある。

　2000年代以降は、こうした経済・政治・政策的な背景のもと「格差」や「ワーキングプア」などが問題視され、2008年の金融危機前後からは、「貧困」や「子どもの貧困」がクローズアップされてきたが、ホームレス状態はそれらに先んじて発見された貧困問題であった。

　一方、2002年には国が「ホームレスの自立の支援等に関する特別措置法」を制定して、その対策に乗り出すと、ホームレス状態の人々の数は減少の一途をたどっていった。厚生労働省による調査結果をみていくと、2003年の約2万5千人をピークにその後は減少に転じ、近年（2022年）では3,448人程度となっている（厚生労働省 2003；2022a）。こうした政府統計をみる限りでは、日本のホームレス問題は解決しつつあるようにみえる。

　ただし、言葉を換えれば、国や自治体が対策を講じてもなお、数千人以上の人々がホームレス状態に置かれていることになる。冒頭の石神さんが出会った男性もそのうちの一人だったのかもしれない。

　　　　野宿生活の状況　　　　ホームレス状態の人々の実態把握は、その状態を生み出す社会的な課題を特定し、解決策への糸口を検討することにつながる。以下では、厚生労働省の全国調査「ホームレスの実態に関する全国調査（生活実態調査）の結果」（厚生労働省 2022b）をもとに、その実態の一部を取り上げる。なお、割合は小数点以下の数値を除いた。

　まず、男性が大多数（96％）を占めるが、女性（4％）も少数ながら確認されている。平均年齢は63.6歳であり、65歳以上が5割を超えている。ちなみに、前回調査（2016年調査）よりも10％以上高くなっており高齢化している。

　野宿生活の様子をみると、特定の場所での起居は8割近くに達し、具体的な「生活場所」は公園（27％）、河川（25％）、道路（15％）となっている。「路上生活の期間」については、5年以上が6割近くとなり、2016年調査よりも長期化している。また、半数近くがなんらかの仕事をしており、そのうちの6割半ばが廃品回収に携わっている。なお、仕事をしている者の収入月額は「1万円未満」が6％、「1〜3万円未満」が19％、「3〜5万円未満」が28％、「5〜10万円未満」が31％となっている。

　「路上（野宿）生活で困ること」（複数回答）は、「食べ物がないので困っている」（29％）、「雨や寒さをしのげず困っている」（27％）、「入浴、洗濯等ができなくて、清潔に保つことができず困っている」（23％）、「寝る場所を探すのに苦労している」（20％）との回答が多い。この他「ホームレス以外の人にいやがらせを受けて困っている」（11％）も一定程度の回答数が確認できる。

野宿に至った理由　　全国調査では「路上生活になった理由」も尋ねている。これによると、もっとも多い回答が「仕事が減った」（2割半ば）であり、「倒産や失業」（2割強）が続く。また、仕事があっても、「人間関係がうまくいかなくて、仕事を辞めた」（19％）と「病気・けがや高齢で仕事ができなくなった」（14％）との回答も比較的多い。

　さらに、ホームレス状態に至る直前の仕事の状況に注目すると、「職業なし」は3％であって、大多数は仕事をしていた。そのなかでも、「建設・採掘従事者」が3割半ばでもっとも多く、「生産工程従事者」は13％となっている。直前職の従業上の地位については、「常勤職員・従業員（正社員）」が46％でもっとも多く、「臨時・パート・アルバイト」（23％）と「日雇」（21％）が続いている。「正社員」が必ず「安定」しているとはいいがたくなっている。

　これとあわせてホームレス状態に至る前の住居形態をみると、「民間賃貸住宅（アパート・マンション）」が46％を占めている。2番目は「勤め先の住宅や寮」（16％）であるが、「安定」した居住であるはずの「持家（一戸建て、マンション等）」が3番目で1割を超えている。

居住を失うことのリスクと意味　　これらの結果について、居住を失うリスクと失ったことの意味に分けて考えてみよう。まず、ホームレス状態に陥るリスクについては、職業・仕事に関する理由で居住生活を維持するための十分な「お金」を得られなくなっていったことが示唆される。また、仕事を失うと同時に住まいも失うことになる社宅や寮などの仕事に結びついた居住も一定割合を占めていた。一方、安定しているとみなされる正社員や持家であっても、ホームレス状態に陥るリスクのあることがわかる。

　次に、ホームレス状態になることの意味である。上記の結果からは、食べる

ことや寝ることといったもっとも基礎的なニードを満たすことに苦労しなければならない状況がうかがえた。ホームレス状態の人々は「一般的な貧困の定義をもちいるならそれは、間違いなくみな極貧」であって、「その日を生きていくので精一杯」なのであり、「安全に寝る場所や水やトイレを探し、食べ物の調達に奔走し、そして仕事の情報を求めて歩き回る」状態であることがうかがえる（岩田 2007：114）。また、安定した居住を欠くために、雨風をしのぐ物理的な空間を確保できないだけでなく、見知らぬ他者からの介入を防ぐことも難しい。青少年による襲撃・暴行事件の犠牲となり命を奪われる痛ましい事件もいまだになくならない（「ホームレス襲撃、傷害致死　元少年2人に実刑判決」『朝日新聞』2021年3月26日）。

ワーク1

　これまで実施されてきた「ホームレスの実態に関する全国調査」結果をもとに、変わってきた実態と変わっていない実態をそれぞれ1つずつ挙げて、その理由を考えよう。全国調査の結果は厚生労働省のホームページに掲載されている（例：厚生労働省 2022a；2022b）。

3　社会福祉はうまく機能するのか

　社会的排除は、社会保障・社会福祉が問題を解決するだけでなく、社会保障・社会福祉それ自体が人々の権利を制約する側面に注目する用語でもある（岩田 2008；リスター 2011）。そこで、ホームレス状態の実態と生活保護などのセーフティネットとの関係を上記の全国調査からみていこう。

セーフティネットの利活用　まず、日本の公的扶助——国際的には社会扶助といわれることが多い——を代表する制度に生活保護がある。この生活保護は、衣食などにかかわる費用などを賄う生活扶助や医療サービスを無料で保障する医療扶助など、いくつかの扶助によって構成されている。先の全国調査（厚生労働省 2022b）にある生活保護の利用動向に注目する

と、利用経験の「ある」者は 33 ％であり、「ない」者は 63 ％であった。

　利用経験が「ある」場合、「アパート等で単身で生活保護を受けた」（39 ％）、「宿泊所やドヤ等で生活保護を受けた」（25 ％）、「保護施設等の福祉施設に入所して生活保護を受けた」（23 ％）など、居宅や施設で生活保護を利用していたことがわかる。

　一方、利用経験の「ない」者のほとんど（9 割半ば）は生活保護制度を知っているものの、「制度を利用したくない」者が半数近くと突出しており、さらに、「自分は利用できないと思っている」との回答も 1 割近くにのぼった。

　生活保護に至る手前の第 2 のセーフティネットにあたる施策にもホームレス対策が含まれている。その一つに入所者への就労自立をめざす自立支援センター（現在の正式名称は「生活困窮者・ホームレス自立支援センター」。以下、センター）がある。センターは就労支援などの自立支援と、宿泊場所や食事など日常生活に必要な物を提供する施設である。センターに関する質問では、「知っており、利用したことがある」者は約 13 ％に過ぎず、「知っているが、利用したことはない」者は 5.5 割に達している。利用経験のある者の「退所理由」については、就労による退所（「会社の寮、住み込み等による就労退所」と「アパートを確保しての就労退所」）は約 20 ％、「期限到来前に規則違反、自主退所、無断退所により退所」との回答は 4 割近くに達していた。さらに、就労による退所をした者がふたたびホームレス状態に至った理由は、「契約期間が満了したが、次の仕事が見つからなかった」（29 ％）や「周囲とのトラブルや仕事になじめない等により、仕事を辞めた」（21 ％）が比較的多くなっている。なお、センターを「知っているが、利用したことはない」者の約 87 ％が今後の利用を希望していない。

**セーフティネット
と社会的排除**　　この調査結果から、次のことが示唆される。まず、生活保護やセンターを利用して一度はホームレス状態を脱したがふたたび路上へ戻っている人々の経緯や理由をみると、セーフティネット制度を利用して路上から脱却することがゴールではなく、脱却後に安定した職業や居住、人間関係を構築・維持することや、そのための支援の重要性を指摘できる（後藤 2013；山田編 2020）。

　また、センターの「自主退所」などが一定程度あることは、ホームレス状態

を「好きでやっている」という見方を裏づけるものと捉えられ、自己責任の見方を助長しやすい。しかし、「自主退所」の研究では、野宿生活に適応せざるを得なかった人々の考えや生活行為が十分に尊重されていないことなどが、自主退所に至る理由の一つとして指摘されてきた（岩田 2000；後藤 2007）。制度の利用を希望しないという側面も含め、ホームレス状態になった人々の経験や思いを注意深く捉えると同時に、解決策として提示する制度やサービスそれ自体がはらむ問題を認識しておくことも重要になるだろう。

ワーク2

ホームレス状態の人々が福祉サービスなどの利用を希望しない場合、どのような取り組みが必要か考えてみよう。その際、ホームレス状態の人々への働きかけだけでなく、サービスを提供する側の取り組みのあり方についても注目すること。

4 統計に表れない「ホームレス状態」の広がり

路上で暮らす理由は、社会が求める産業の変化や労働条件、家族や身内の助けあいの弱まり、解決策として用意されているはずの社会保障・社会福祉の機能不全、といった観点から説明できる。「好きでやっている」ように受け取れる言動があったとしても、言動が示されることになった個々の事情や経験、そしてその背後にある社会的（構造的）な要因から目を背けてはならない。その社会的（構造的）な要因には、彼ら・彼女らの存在に対する社会の構成員一人ひとりの無関心も含まれるだろう。

その意味では、章題のように「なぜ路上で暮らす人がいるのか」という違和感や疑問を抱くことが改善に向けた最初の歩みになる。

一方で、ホームレス状態の人々の数が減るにつれ、ホームレス状態の人々をメディアが取り上げることは少なくなり、そのような違和感や疑問も抱きにくくなっているともいえる。しかし、居住が失われた生活のかたちは多様であり、より見えづらいホームレス状態もある。路上での野宿生活とは異なる「ネット

カフェ難民」や「車上生活者」、家庭内暴力から逃げるために家を失った女性や子どもなどの存在が取り上げられてきた。公式統計が示す「ホームレス」はホームレス状態の一部でしかない。

　また、ホームレス状態に陥った後の政策や実践は目を引きやすいが、そもそもホームレス状態にならないように予防する策も重要であることは言うまでもない。この予防策には、生活保護やセンターなどだけでなく、より広範囲な社会保障制度、労働政策、家族や地域の相互扶助の強化なども含まれる。さまざまなかたちのホームレス状態の発生は、予防策を含めた政策や実践の問題を突きつけている。

ワーク3

　4節では、「路上」に至るホームレス状態以外にも、居住が不安定な状況に置かれている人たちの実例として、「ネットカフェ難民」「車上生活者」「家庭内暴力により家を失った女性と子ども」に言及した。このうち、どれか1つをグループで選んで実態を調べ、異なるかたちのホームレス状態に関連する生活問題や、社会保障・社会福祉による取り組みの現状と課題を考えてみよう。

キーワード

居住

　居住は、生活に要する基本的なニードの一部であり、国際的にも基本的人権を構成する不可欠な要素とみなされている。居住には、自然環境から身を守り、心身の健康や回復を行う物理的な空間としての役割がある。また、生活に必要な他の資源を保管・使用し、家族の形成や社会参加のための基盤・拠点でもある。居住は住民登録と結びつき、福祉サービスの利用を認める前提ともされてきた。

貧困

　貧困とは、その社会で生存・生活を続けるために要する基本的なニードを満たすことができない状態である。物質的な資源を欠いていることが問題の中心となるが、物質的な資源を欠くことによって心身の健康や地域社会との関係が損なわれる側面も含める。日本政府が公表する「相対的貧困」は、所得に注目して算定した数値であり（第1章参照）、国際比較などを行いやすい利点があるが、その状況にある人々の生活や経験の実態を示せないという限界もある。

社会的排除

　社会的排除は地域社会とのつながりの欠如に重きを置く用語である。つながりの欠如とは、地域社会で「あたりまえ」とみなされる場所や活動に参加できないことであり、経済的・社会的・政治的・空間的・文化的な側面などからみた社会的不利の蓄積の過程と結果である。社会福祉などが人々の権利を制約してしまう要因となる側面にも注目する。

ブックガイド

岩田正美『現代の貧困——ワーキングプア／ホームレス／生活保護』ちくま新書、2007年

　ホームレス状態はそれ自体が独立して問題になっているだけでなく、さまざまな貧困や社会的排除と関連している。そうした幅広い視点を持って日本社会の動向をわかりやすく解説している。ホームレス問題の論点についてさらに深く知りたい場合は、岩田（2000）も外せない。

山田壮志郎編『ホームレス経験者が地域で定着できる条件は何か——パネル調査からみた生活困窮者支援の課題』ミネルヴァ書房、2020年

　ホームレス状態の人々が路上脱却した後の実態や課題、それに必要な支援のあり方などについて、パネル調査の結果をもとに論考している。

リスター、R.『貧困とはなにか——概念・言説・ポリティクス』松本伊智朗監訳／立木勝訳、明石書店、2011年

　貧困の捉え方をとても丁寧に解説している。社会的排除やニードと貧困との関係、絶対的貧困や相対的貧困の見方について踏み込んだ理解ができる。ホームレス状態にはほとんど触れていないが、ホームレス問題を貧困形態の一つとして考えるための枠組みを提供してくれる。

第 **6** 章

障害者はなぜ施設に住んでいるの？
—— 優生思想、出生前診断、脱施設化

岡﨑幸友

1 「しかたがない」に向きあう

金網の向こう側

　　大学院生の頃、重症心身障害者の入所施設でアルバイトをしていたことがある。当時は時間に余裕があったので、退勤時間を終えても利用者と向きあい、「利用者のために」と思って支援をし、また支援することで自分の役割を感じるなど、とても充実した日々であったことを思い出す。

　そんなある日、仕事を終えて帰る道すがら、金網を隔てた向こう側から軽度の知的障害がある利用者から「ばいばい」と声をかけられた。労われたように思えた筆者が元気よく「ばいばい」と返事をすると、「どこに帰るの？」と聞いてくる。「家に帰るんだよ」と答えると、「明日も来るの？」と重ねて聞いてくる。「明日は休みだよ」と答えた後に続いた利用者の言葉は、今も忘れることができない。

　「僕は明日もここにいるんだよ」と伝えてきたのだ。この言葉を聞いたとき、自分はなんと偽善者で、いかに自分本位の支援をしていたのだろうかと、頭をガツンと殴られた気がした。

　仕事を終えて家に帰れば、私には「あたりまえの暮らし」が待っている。それは、支援者ではない日常であり、自分の思い通りに描ける自由な暮らしである。しかし、彼らは障害者だから施設のなかに住んでいる。決められた日課のなかで日々を過ごし、障害者として暮らしつづけている。「利用者のために」

などと息巻いていたが、実は障害者を障害者としているのは「私」であって、結局は「自分のために支援をしていた」ことを、その一言で突きつけられた思いがしたからである。

　そんなことにも気がつかなかった自分に嫌気がさして、福祉の道を諦めようと、当時お世話になっていた先生のところへ断りに行った。一通り話を聞いた先生は、「社会福祉は、不自由な生活を強いられている人たちが、君と同じように、あたりまえに暮らすことができる社会を実現していくことにある。ショックを受けて凹むぐらいなら、彼らもあたりまえに暮らせる社会をつくる努力をしなさい」とアドバイスをくれた。

施設に住むのは「しかたがない」のか

　施設の入所者から「僕は明日もここにいるんだよ」と投げかけられるまで、筆者は「障害者は施設で生活するのがあたりまえ」と考えていた。その理由は、社会は障害者に対して不親切だからであり、そんな社会で障害者が生活するのは能力的に難しいと思っていたからである。そのため、障害者が施設に入所することはしかたがないことであり、むしろ施設に住んでいた方が幸せなのだ、と漠然と思っていた。

　実際、施設には彼らの能力に適したサポートを提供する機能が備わっており、また安心で安全な生活が用意されている。コミュニケーションが難しくても職員が丁寧に聞き返してくれるし、気持ちが落ち着かなければ静養室でゆっくりとすることができるなど、保護的な環境が整っている。

　だが一方で、集団での生活が強いられ、日々の生活はプログラムにそった一日の繰り返しである。食事や睡眠の時間も自分で決めることはできない。個室での生活は難しく、プライバシーの確保やプライベートな空間を持つことは現実的に困難であるなど、不自由な側面もある。

　それでも障害者は施設に入所する方が望ましいと考えている人が大半だからこそ、「障害者が施設に住むのは、しかたがない」という現実がつくられる。

　しかし、本人が選択して負ったわけでもない「障害」を根拠にして、施設へ入所させるのを「しかたがない」と見過ごせば、「私」との関係に不平等を生み出す。だから、「障害者はなぜ施設に住んでいるのか」について考えることは、「私」と「障害者」の不平等性について考えることと同じである。

その意味で金網を隔てた向こう側から投げかけられた言葉は、不平等の解消をめざす社会福祉が、不平等を生み出しているのではないか、という根本を突きつける問いとして立ち現れる。「明日もここにいるんだよ」という言葉は、言い換えれば「障害者が施設に住むのは、しかたがないのか。なんとかしてくれ」という叫びである。

2　障害者が施設に住むのはなぜ？

「障害者が施設に住むのは、しかたがないこと」として受け止めてきたのは、社会が持つ障害者観にある。わが国における障害者とは障害者基本法に定義されているが、現実社会を見渡せば、「保護」と「排除」の二側面から障害者を理解していることがみえてくる。

保護の対象と
しての障害者

障害者はその障害によって、社会の荒波に対して無力だから保護すべき人たち、という障害者観がある（武田・八巻・末光　2002：414）。

わが国の障害者施策は、1949年に制定された身体障害者福祉法から始まる。当時の日本は第二次世界大戦後の復興に向けて、国民の生活基盤を再建することと、国力を回復するために生産性を復興することが喫緊の課題であった。そこで生活困窮者の保護に向けた生活保護法（1946年）を制定した後に、傷痍軍人や戦傷病者といった、身体上に障害を有する者の職業復帰をめざした身体障害者福祉法を制定した。したがってこの法律は、「更生のために必要な保護」を行うことを念頭に置きつつ、その内容は職業訓練を中心とするものであった。そのため、重度の身体障害者や知的障害者などは、家族による扶養か生活保護法による救済で対応するなど、障害者への理解は不十分な状況であった。

その後、知的障害者に必要な保護を行うことを目的として、1960年に知的障害者福祉法が制定された。この法律では、障害の程度や種別に応じた入所施設を建設して家族扶養の負担を軽減すると同時に、当事者の生活を保護することをめざしている。

それまで知的障害のある人たちの生活は、家族、特に母親による介護によっ

て支えられてきたが、制度的な不整備を背景にその負担は大きく、家族崩壊を引き起こす状況にあった。また、「親亡き後」の生活に不安を持つ家族にとって、障害者が安心して暮らすことができる居場所が求められ、入所施設は当事者にとって理想とされた。実際、生活基盤が脆弱な地域で障害者が自活することは難しく、彼らだけで暮らせる場所が必要となる。その場所が施設であり、彼らはそこで暮らした方が幸せだ、という考え方があった。

つまり「施設」には障害者を保護する思いやりの側面があるのだから、施設に住むのはしかたがない、とされるのだ。

**排除の対象と
しての障害者**　一方で、障害者、特に知的、あるいは精神障害者は危険な人たちだから社会から排除すべき、とする障害者観もある（武田・八巻・末光 2002：414）。

2016 年 7 月 26 日未明に、相模原市にある障害者施設で殺傷事件が発生した。加害者は、重度障害者は「不幸を作ることしかできない」から安楽死すべき旨の主張をしており、かつてみずからが勤めていた施設に侵入して寝ている利用者に話しかけ、「返事がない人を刺した」と発言している（堀編 2017；高岡 2019；神奈川新聞取材班 2022）。

障害者が暮らしている施設において大量の殺傷が行われたこと、偏った動機による凶行であったことから、センセーショナルに報道されたので、記憶している人も多いであろう。

加害者の考えは複雑にからみあっているので犯行の動機を読み解くのは困難なのだが、その後の捜査から**優生思想**に傾倒していたとの報道がある。優生思想を端的に言えば、優良な種を保存するために、不良な種の根絶を辞さない考え方である。加害者にとっての重度障害者は、生産性が低く役に立たない不良な種だから殺害すべきだし、その方が社会のためになる、との考えに至り凶行に及んでいる。

このような極端な考えに陥らなくても、社会のなかには障害者が負っている特性に対する無理解が、時として彼らへ差別や偏見として現れ、排除へと転じることがある。

あるいは、**出生前診断**によって胎児に障害が認められた場合、9 割以上が中

絶を選択したとの報道があるように（「「新型出生前」全妊婦対象　カウンセリング条件　運営委案」『毎日新聞』2022年2月1日西部朝刊）、障害の有無は「命の選択（＝障害者の排除）」にかかわる問題を多分に含んでいる。

　人権の尊重が声高に叫ばれるようになった現代においても、社会の治安を維持するために障害者は排除すべきだし、だから施設や病院に隔離するのはしかたがない、という発想は根強くある。

　つまり施設とは、障害者にとって生きづらい社会から保護すると同時に、障害者を社会から排除するものとしても機能している。そういった二面性を持つ施設に、障害者は相模原の事件や施設内の虐待などで命の危険に脅かされてしまう状況にあってさえもなお、なぜ、住まなければならないのだろうか。

　そこには、「障害者」と「私」の関係性を置き去りにしてきたという問題が潜んでいる。

ワーク1

　障害者が差別や偏見の対象となった事件や、身近で起きた出来事を調べてみよう。また、なぜ「障害」が差別や偏見の対象となるのか考えてみよう。

3 「私」は「障害者」とどう向きあう？

「私」である障害者　世の中を見渡せば、自分の努力だけでは解決できない問題が多くある。努力しようにも、その意欲をくじかれるような生まれ（環境）にある人もいる。その人に対して「運が悪かったね」の一言で片づけるのは強者の考え方である。ここには「他者」を想像し、「他者」の声に気づき、この呼びかけに応える「私」はいない。だから、「私」に求められるのは、他者の生きづらさに気づく感性である。

　「障害者はなぜ施設に住んでいるのか」という問いについても同じことがいえる。障害のあることはみずからが選択したわけではなく、そこに必然性はない。たまたま障害を負って生まれてきた／中途で障害を負ったに過ぎない。だから、障害を負うことは誰にでも起こり得るし、ということは「私」が障害を

負っていたかもしれない。その意味で、障害者が被っている生きづらさは、「私」が被るべき生きづらさを代わりに引き受けてくれているのだ、と考えることができよう。私と障害者は、本来、そういった関係にある。

ところが、障害があることを理由にして施設に住むのは「しかたがない」と見過ごしてしてきた。それは「障害者」との関係を「私」から断絶し、生きづらさの原因を障害者にだけ押しつけ、責任を負わせていることになる。裏を返せば障害者が施設に住むことで抱える生きづらさは「私」には関係ない、と宣言しているのと同じことを意味している。

では、私たちにはどんな責任があるのだろうか。

障害者に対する責任 「責任」の英訳である「responsibility」の原語「response」には「応答」とか「反応」という意味がある。このことから、「責任」とは、一般的に「自分がなした行為の結果を引き受けること」と理解されている。つまり、あなたが障害者を施設に入所させたわけではないのだから、障害者が施設に住んでいる責任を問われても、あなたは応えようがないだろう。

しかし私たちは、障害者をどこか自分たちとは違う存在として捉えていたから、障害者が施設に住むのは「しかたがない」こととして受け止めてきたのではないか。そして、このことを「他人事」と見逃してしまえば、障害者が持つ可能性や得られる経験を限定し、あるいはよりよいサービスを受ける権利を侵害してしまう。それは障害者を抑圧し、不平等を生み出し格差を広げることになる。では、どう考えればよいのだろうか。

私たちは今、「障害者はなぜ施設に住んでいるのか」疑問に思い、本当に「しかたがない」のかと考え、他の可能性を模索している。この営みを通して、これまで断絶していた「障害者」と「私」の関係が開かれ、だから「なんとかしてくれ」という障害者の声なき声に気づいたはずである。その声に応じるのが「私」の責任である。

本書では社会福祉学を〈誰もがしあわせに生きることができる社会をめざして、「生きづらさ」を理解し、それを変えるための人々による取り組みについて探る実践の学〉と定義した（序章参照）。その学びは、これまで耳を傾けてこ

なかった声に気づき、意識を向けることから始まる。

　これまで「しかたがない」と見逃してきたことに気づいたあなたは、生きづらさを抱えた障害者が置かれている状況を変えていくために、社会に働きかけていく責任があるといえよう。

ワーク2

　【ワーク1】で調べた差別や偏見によって、障害者はどのような「生きづらさ」を抱えているだろうか。その生きづらさを解消するために、どのような取り組みが行われているだろうか。内閣府のホームページにある「合理的配慮等具体例データ集　合理的配慮サーチ」などを活用して、整理してみよう。

4　「あたりまえの生活」を問い直す

社会で生きる

　人間は、他の人とかかわりあいながら生活をしているのだから、一人ひとりが他人への迷惑を省みず自由気ままに振る舞ってしまうと対立が起き、トラブルが続いてしまう。それでは社会は成り立たない。そこで、誰もが安心して暮らせるように、法律などが個人の自由を制限することがある。しかし、もし必要以上に自由を制限してしまえば、抑圧された生活となり、生きづらい社会になってしまう。だから、自由の制限は、可能な限り少なくすべきなのは言うまでもない。

　このことは、世界人権宣言や子どもの権利条約、障害者権利条約などでも謳われているように、社会で生きる人間にとって、とても大切なことである。そして、自由が最大限に保障されているからこそ、社会との交わりは豊かになり、また世界を広げることができ、成長へとつながる。

　このような社会で暮らすことは、すべての人にとって望ましいことであり、またそれは「あたりまえ」のことである。

施設に住む生活は「あたりまえ」ではない

　では、施設に住んでいる障害者はどうであろうか。岡山県にある障害児施設では、入所児童の口にトイ

レットペーパーを入れたり、顔を殴って椅子ごと転倒させ、尻を蹴ったりした、といった虐待が起きている。（「津山の施設で障害児虐待　暴行容疑　職員２人再逮捕へ」『山陽新聞』2021年10月18日朝刊）。施設内の虐待は、報道されないものを含めればかなりの数に上る。

　もちろんすべての施設で虐待が行われているわけではないが、施設の持つ閉鎖性が独自のルールをつくりだし、障害者を抑圧する。また、保護と排除の機能を併せ持つ施設が自由で開放的であるとはいえないから、社会との交わりは乏しくなり、世界は狭くなる。

　だから施設に住む障害者が、社会のなかであたりまえに経験されている出来事に出会い成長していくことは、難しいといわざるを得ない。

　　「あたりまえの生活」
　　に向けて

障害者が「保護と排除」の象徴である施設ではなく、社会に住んで「あたりまえの暮らし」を営んでいくためには、障害者とともに暮らすことができる社会の実現が求められる。ただし、その方法は「社会が障害者を受け入れる」といった単純な発想ではない。

　1960年頃の北欧において、施設に住む知的障害者が厳しい生活をしていたことを目の当たりにした保護者が、彼らもあたりまえの生活をする権利があることを主張し、生活条件の改善に向けた動きが始まった。その一つとして、障害者施設を解体して入所者が地域で暮らせるよう「脱施設化」が進められたが、生活基盤の整備が間にあわず、かえって混乱を招いた歴史がある。

　その反省に立てば、「障害者とともに暮らすことができる社会」とは、障害者が自分らしく社会の中で生活できるように「生活条件を可能な限りあたりまえにしていくこと」で実現する。ここでいう「あたりまえ」とは、人間が人間として生きていく、また人権が尊重されるといったことを果たすために、「文化的に通常になっている諸手段を使える状態」を意味している。そのためには、その社会に障害者を適応させようとするのではなく、障害者の特性に応じた施策や支援を充実させるとともに、一人ひとりが障害者と向きあい、「自分のこと」として取り組むことが重要となる。

　本章では「障害者は、なぜ施設に住んでいるのか」に向きあうことで、「私」と「他者」の関係に目を向けたが、障害者に限らず、社会から排除されている

人たちがいる。その人たちが社会に住み、あたりまえに暮らすことができる社会をどのようにして実現していけばよいのか、その問いは、読者一人ひとりに対する問いかけとして捉え、これからも考えつづけてほしい。

ワーク3

　社会のなかであたりまえに経験される出来事についてできるだけ多く挙げてみよう。またその出来事を障害者が経験するには、どのような条件が必要か、グループで話しあってみよう。

キーワード

優生思想

　　遺伝的に秀でた人類をつくるために、劣った遺伝子を排除しようとする考え方。その方法は、障害者や難病患者に対する強制的な断種や不妊手術が中心となるが、ナチスによるユダヤ人の絶滅政策などにも影響を及ぼしている。日本では、かつての優生保護法（現在の母体保護法）に基づいて、重度障害者に対して本人の同意なしに生殖を不能とする手術が行われるなどした。

出生前診断

　　妊娠中の胎児の状態を調べる検査のこと。疾患や障害の可能性を調べる「非侵襲的検査」と疾患や障害の診断を確定させる「侵襲的検査」がある。出生前に胎児の状態を把握しておくことで、出生後に必要な検査や治療の準備を進めることができる。一方で、障害の有無や染色体の異常などが判明することにより中絶につながるなど、「命の選別」につながりかねない面がある。

脱施設化

　　障害者の生活の場を、入所型施設から地域の小規模なグループホームなどへと移行する取り組みのこと。「脱」の字が示すように、施設が持つ特徴的な処遇に依存するのではなく、地域に根ざした生活が営めるように、個々人のニーズにあった福祉サービスを体系的に整備することが重要となる。単に生活の場を移すだけではないことに注意が必要。

ブックガイド

海老原宏美『わたしが障害者じゃなくなる日──難病で動けなくてもふつうに生きられる世の中のつくりかた』旬報社、2019 年

　　難病を抱える当事者が、自分自身の経験から「障害」を問いかけている。どれほど重度の障害を抱えていても、社会の仕組みが整えば「あたりまえの暮らし」は実現できること、そのためには何が必要か、やさしく語りかけてくる。

高岡健『いかにして抹殺の〈思想〉は引き寄せられたか──相模原殺傷事件と戦争・優生思想・精神医学』ヘウレーカ、2019 年

　　本章でも取り上げた相模原での事件に関する書籍。事件の時系列と加害男性の言動を解釈する書籍が多いなか、加害男性の動機を「思想」と捉え、その形成プロセスと社会背景とに迫りつつ事件の真相と再発防止に向けて考察している。

フランクル、V. E.『夜と霧〔新版〕』池田香代子訳、みすず書房、2002 年

　　ドイツ強制収容所に収容され生還した精神科医の体験記。「絶滅収容」という極限状態のなかでも人間性を失わない精神の営みが記されている。同じ人間でありながら、収容する側／される側という立場の違いによって、運命が左右される理不尽さについても考えさせられる。

第 **7** 章

好きになる性は異性だけなの？
―― 性的マイノリティ、異性愛主義、パートナーシップ制度

柳　姃希

1 セクシュアリティとはなんだろう？

性別は「男」「女」だけじゃない？　筆者も以下の経験をするまでは、なんの疑いもなく世の中には「男」と「女」しか存在しないと思っていた。

　家族旅行で温泉に行った7歳のときのこと。温泉には、母に付いて行った筆者と同じ年頃の女の子たちが複数いた。そのなかの一人。髪は腰まで伸びていて誰が見ても女の子であるに違いないのに、その子は「女」を象徴する身体的特徴を持っていなかった。最初は「髪を伸ばした男の子かな」とも思ったが、ふだん筆者がイメージしていた男の子の身体でもなかった。「男」でも「女」でもないなら、いったいあの子の性別は何だろう。

　あなたは自分の「性別」を聞かれたら迷うことなく答えることができるだろうか。日常生活のなかで言われる「性別」とは、生まれ持った身体の性を指している場合が多いが、上記の筆者の経験のように、世の中には身体の性からその人の性別を判断できない人たちが存在する。

　セクシュアリティとは、人間の性のあり方全般であり、人間一人ひとりの人格に不可欠な要素の集まりである。その構成要素には、「身体の性」「心の性」「好きになる性」「性別表現」の4つがある。

　「身体の性」は、生まれたときに割り当てられた性のことで、性染色体、外性器、内性器などのいくかの判断要素がある。出生後、主に医師が性別を判断

するが、なかには性分化疾患（DSDs：Disorders of Sex Development）という典型的な男女とは違う発達の仕方をする人もいるため診断が簡単ではない場合もある。

　「心の性」は、自分自身が認識している性のことで、性自認（Gender Identity）ともいわれている。「身体の性」と必ず一致するものではなく、「男」と「女」に二分することができない場合もある。

　「好きになる性」は、恋愛や性愛の対象となる性のことで、性的指向（Sexual Orientation）ともいわれている。性的指向とは、「女性を好きになる」「男性を好きになる」「両性を好きになる」「どの性も好きにならない」という性的な意識が向く方向のことである。

　「性別表現」は、自分自身がどのような性に見せたいのかのことで、本人が望む服装や趣味、振る舞い方などがある。

| 性的マイノリティ
とは誰？ | ここで、筆者のセクシュアリティを上記の構成要素にそって表すと、図7-1のようになる。 |

　「好きになる性」のところに○が2個付いているのを見て、表記に誤りがあると思う人もいるだろう。「男性」であれば「女性」を、「女性」であれば「男性」を好きになるのがあたりまえのことだと多くの人が思っているが、実は筆者のように異性と同性の両方に性愛を持つ人がいるし、同性だけに性愛を持つ人もいる。また、どちらにも性愛を持たない人も存在する。このような人たちのことを「**性的マイノリティ**」という。「性的マイノリティ」とは、性のあり方が多数派と異なる人のことで、「LGBT」としてよく知られている。

　LGBTとは、レズビアン、ゲイ、バイセクシュアル、トランスジェンダーの人たちを表す言葉で、それぞれの最初のアルファベットをとった略称である。

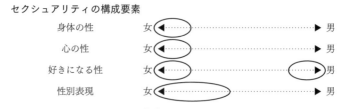

セクシュアリティの構成要素

図7-1　筆者のセクシュアリティ

近年では、Questioning（クエスチョニング：性的指向や性自認がはっきりしない、決められないあるいは悩んでいる状況にある人）、Intersex（インターセックス：身体的性が一般的に定められた男性・女性の中間もしくはどちらとも一致しない状態）の頭文字を加えて「LGBTQI」といった言い方も増えてきている。

性的マイノリティは
どれぐらいいるの？

最近、さまざまな領域で LGBT という言葉を見聞きすることが増えてきているが、あなたは性的マイノリティに会った経験はあるだろうか。電通ダイバーシティ・ラボの 2020 年の調査（全国 20〜59 歳の計 6 万人を対象に実施）によれば、日本の性的マイノリティの人口割合は 8.9 ％である（電通広報局 2021）。この 8.9 ％というのは 11 人に 1 人が性的マイノリティであるという計算で、左利きの人口の割合とほぼ同じだという。では、実感としてはどうだろう。「そんなにいる？」というのが一般的な反応ではないだろうか。そんなにいるのに、なぜ、性的マイノリティの存在は見えなくなっているのかと疑問に思う人もいるだろう。

LGBT 総合研究所の「LGBT 意識行動調査 2019」によると、性的マイノリティの 78.8 ％が誰にもカミングアウト（自分のセクシュアリティを誰かに伝えること）していないと答えている（LGBT 総合研究所 2019）。この結果からも、性的マイノリティはまわりに「いない」のではなく、「いてもわからない」のだ。それでは、なぜ、性的マイノリティは自分のセクシュアリティを言わずに生活しているのか。自分のセクシュアリティを伝えることで生じる困難にはどのようなものがあるのか、考えてみよう。

ワーク1

性的マイノリティの日常生活にはどのような困難があるのだろうか。どのような場面でどのような困難を抱えているのかについてできるだけ具体的に調べてみよう。

2 性的マイノリティの生活課題を調べる

資料の調べ方

【ワーク1】のねらいは、性的マイノリティが日常生活を送るうえで直面している困難について、資料を調べ、その現状を把握することであった。資料とは、研究や調査の基礎となる材料のことで、その種類には、本や論文、統計データ、新聞、雑誌などがある。このような資料を活用し、必要な情報を収集していく際に大切なことは、正確な情報を集めていくことである。

信頼できる資料の一つとして国の行政機関や地方公共団体などが作成した公的統計がある。特に、公的統計は、国の行政機関や地方公共団体が調査・作成するため人々の協力を得やすく、調査票の回収率が高い。そのため、調査結果への信頼性も高い。どこから手をつけたらよいか迷っている人は、まず公的統計から探してみるとよい。

しかし、調査対象によっては公的統計の数が少ないか存在しないケースなどもあるため、そのような際には、調査対象にかかわる団体や企業による統計、あるいは図書、新聞、雑誌などから自分の目的にあう資料を探してみるとよい。【ワーク1】で、あなたはうまく調べることができただろうか。どんなことが性的マイノリティの困難として挙がっただろうか。

差別がもたらした
アウティング事件

ここで、差別を受けた性的マイノリティの大学院生が自殺した事件の新聞記事を紹介する。

事件が起きたのは2015年8月で、一橋大学法科大学院に通っていた男子学生が校舎の建物から転落死した。この男子学生は男性に恋愛感情を持つ同性愛者であり、自分が同性愛者であることを周囲の人だけではなく、家族にも隠していた。

報道記事によると、男子学生は同級生に恋愛感情があることを伝えたところ、この同級生はLINEグループ上で、男子学生が同性愛者であることをアウティング（本人の了解を得ずに、他の人にセクシュアリティを暴露すること）したという。「男性はその後、同級生に会うと吐き気や動悸がするようになり、大学のハラスメ

ント相談室に相談したが、8 月に大学内で、建物のベランダを乗り越え転落死した」（「「同性愛漏らされ」院生転落死、提訴　遺族、同級生・大学を　東京地裁」『朝日新聞』2016 年 8 月 6 日朝刊）。

　この事件について改めて考えてみよう。同性愛という点を除けばごく普通の告白と変わらないが、なぜ、この告白は、本人の意思とは関係なく周囲に広められたのだろうか。

3 性的マイノリティを抑圧する要因は何か

意識のなかに潜んでいる異性愛主義
　唐突だが、これから女の子の友人に恋人の有無についての質問をするとしよう。あなたならどう聞くか。躊躇なく「彼氏いるの？」と聞いた人も少なくないだろう。しかし、今まで議論してきたように、実際には同性を好きになる人もいれば、異性と同性の両方を好きになる人や誰も好きにならない人もいる。では、どうして人々は「男」は「女」を、「女」は「男」を愛するのがあたりまえだと思ってしまうのだろうか。異性愛だけを正しいものとみなし、異性愛ではないすべての関係と態度を正しくないとする考え方を、**異性愛主義**と呼ぶ。この考え方は、次の表7-1 からも確認できる。

　表 7-1 は、同性愛／両性愛に対する一般市民の認識を示したものである。この表を見ると、「男どうし」の恋愛感情を 29.3 ％が、「女どうし」の恋愛感情を 26.8 ％が、「男女両方」に恋愛感情を抱くことを 28.1 ％が「おかしい」と回答している。性行為においては、「男どうし」の性行為を 61.2 ％が、「女どうし」

表 7-1　同性愛／両性愛に対する認識
（釜野・石田・風間・平森・吉仲・河口（2020：53, 61）より筆者作成）

		そう思う／どちらかといえばそう思う（%）	そう思わない／どちらかといえばそう思わない（%）	無回答（%）
恋愛感情を抱く「おかしい」	男どうし	29.3	67.2	3.5
	女どうし	26.8	69.8	3.4
	男女両方	28.1	67.7	4.2
性行為「気持ちが悪い」	男どうし	61.2	34.7	4.1
	女どうし	47.2	48.7	4.1
	男女両方	53.8	41.9	4.3

の性行為を 47.2％が、「男女両方」と性行為をすることを 53.8％が「気持ち悪い」と回答している。つまり、異性間どうしでない関係で行われる恋愛感情や性行為に対して否定的な認識を持っている人が少なくないということが読み取れる。

日本で「同性婚」はできる？

あなたは現行の制度について疑問を持ったことがあるだろうか。多くの人が「ノー」と答えるだろう。制度が自分の生活に大きく影響しない限り、制度について疑問を持つ人はめったにいないと思う。

筆者が日本の婚姻制度に疑問を持つようになったのも、その制度が自分自身の生活に影響したからである。筆者の法律上の性別は「女性」で、「性的指向」は「男性」「女性」の両方に性愛を持つ「バイセクシュアル」である。ここまではすでに第 1 節に書いている。それに加えるもう一つの特性として、韓国出身の外国人ということがある。外国人の場合、日本人と結婚をすると配偶者として日本に在留するビザがもらえるが、その相手が同性であれば結婚できず、在留ビザはもらえない。どうして、日本では「同性婚」が認められないのか。

ワーク2

性的マイノリティを抑圧する制度を婚姻制度以外に 1 つ挙げ、どの部分が抑圧的であるかについて考えてみよう。性的マイノリティが社会から排除される背景について考えてみよう。

4 多様性を尊重する社会づくりについて考える

パートナーシップ制度って何？

性的マイノリティの人権を語る際に、「同性婚」の話はよく出てくるテーマであるが、なぜ、「同性婚」を法律や制度として認める必要があるのだろうか。

日本では 2015 年より、一部の市区町村において**パートナーシップ制度**が始まった。それにより、渋谷区では「パートナーシップ証明書」の発行が、そし

て、世田谷区では「パートナーシップ宣誓書受領証」の発行が始まった。パートナーシップ制度とは、自治体が同性のカップルに対して戸籍上の結婚と同等な関係であることを承認するものである。

　パートナーシップ制度のできた背景をみると、渋谷区の場合は区長と当事者の出会いがあり、世田谷区の場合は区議会からの問題提起や当事者からの要望などがあったという（エスムラルダ・KIRA 2015）。この制度は、法的拘束力はないが、導入している自治体に住む人は、パートナーの入院時に家族として面会が可能になったり、公営住宅などの入居、生命保険の保険金受領、住宅ローンや家族クレジットカードの使用、家族割引サービスなどが利用できるという。

　「地方自治体の取り組みと LGBT 世論の地域差」（吉本 2019）によると、パートナーシップ制度は地域世論にも影響を与えている。「LGBT とはセクシュアル・マイノリティー（性的少数者）の総称の一つだということを知っていますか」という質問に対して、「沖縄県」「福岡県」「東京都」で 80％以上の人が「知っている」または「なんとなく知っている」と答えている。また、「同性婚の制度化について、どう思いますか」という質問に対しては、「群馬県」「沖縄県」「三重県」で 8 割以上の人が「賛成」または「どちらかというと賛成」と答えている。これらの自治体の共通点として、2018 年の調査時点でパートナーシップ制度を導入していたことが挙げられる。このような社会意識の変化は企業にも影響を及ぼし、近年では同性パートナーを対象とする福利厚生を整備する企業もある。

LGBT にフレンドリーな企業ってあるの？　日本経済団体連合会は、「ダイバーシティ・インクルージョン社会の実現に向けて」において、各企業の具体的な取り組み状況を企業名とともに紹介し、どのような対応が考えられるかについて提言している（日本経済団体連合会 2017）。

　企業の取り組みの一部の例をみてみよう。ライフネット生命では、2015 年 11 月 4 日より、同居期間など一定の条件を満たすと同性のパートナーであっても死亡保険金の受取人に指定することができるようにしている（ライフネット生命「大切なパートナーのために、生命保険を」）。また、ソフトバンク・ドコモ・KDDI の大手携帯電話会社 3 社は、同性パートナーも対象とした家族割サー

ビスの提供、パナソニックでは、同性パートナーにも配偶者に準じた取り扱いを適用している。

支援の方法

筆者の母国である韓国では、「性的マイノリティのために」という名分で、キリスト教による転換治療（個人の性的指向を同性愛や両性愛から異性愛に転換できるという考え方）が行われている。しかし、実態を少しでも調べてみると、この取り組みの異常さはすぐわかる。

1973年、同性愛はDSM-Ⅲ（アメリカ精神医学会の診断基準第3版）の精神障害の項目から外されている。また、転換治療に対し「これは私たちが望んでいることではない、私たちが望んでいるのはありのままの私を受け入れてくれることだ」と声を上げる当事者も多い。つまり、支援者側からみてどれだけ良い支援であっても、それが当事者のニーズにあわなければ良い支援とはいえない。

では、支援するときに注意すべきことはなんだろうか。このことを考えるにあたり参考になるのが「アライ（Ally）」である。「アライ」とは、本人は性的マイノリティ当事者ではないが、性的マイノリティのことを理解し、支援する立場の人だ。「LGBTと職場環境に関するwebアンケート調査報告書niji VOICE 2020」（虹色ダイバーシティ・国際基督教大学ジェンダー研究センター　2020）によると、職場にアライがいると心理的安定性が高まるという。また、アライがいる方が、性的マイノリティ施策が多い職場である可能性が高く、孤立感を感じる人が少ないという。では、どうすればアライになれるのだろうか。

時折「身近にLGBTの友達がいるし、全然偏見はないよ」と言う人もいるが、それは、アライとはやや違う。アライになるためには、性的マイノリティに対する理解や支援の意思表明が重要である。ただ、偏見がないというだけでは、異性愛中心の社会において支援したことにはならないのである。

ワーク3

性的マイノリティにとって生きやすい社会にしていくために、一般市民（学生も含む）の立場でできることをグループになって考えてみよう。また、その取り組みを考える際に留意すべきことについても書いてみよう。

キーワード

性的マイノリティ

　性的マイノリティとは、性のあり方が多数派と異なる人のことで、「LGBT」としてよく知られている。LGBT とは、Lesbian（女性同性愛者）、Gay（男性同性愛者）、Bisexual（両性愛者）、Transgender（身体の性別と心の性別に違和感や不一致を感じる人）を表す言葉で、それぞれの最初のアルファベットをとった略称である。本文でも触れたが、Questioning や Intersex の人を含め、LGBTQI と表現する場合もある。

異性愛主義

　異性愛とは、「男」は「女」を、「女」は「男」を性愛の対象とすることであり、異性愛主義とは、その異性愛だけを自然で正しいものとみなし、異性愛ではないすべての関係と態度を不自然で正しくないと考える排他的な態度をいう。

パートナーシップ制度

　日本の地方自治体において、法的拘束力はないものの、同性カップルを承認し、証明書を発行することで、病院で家族として扱ってもらえるなどの一定の権利を認めようとする制度のこと。

ブックガイド

渡辺大輔『性の多様性ってなんだろう？』平凡社、2018 年

　中学生との対話形式で、性の多様性についてわかりやすく解説している。性的マイノリティについて基礎の基礎が学べる一冊。

RYOJI・砂川秀樹編『カミングアウト・レターズ——子どもと親、生徒と教師の往復書簡』太郎次郎社エディタス、2007 年

　カミングアウトにまつわるエピソードを 7 組の手紙を紹介するかたちでまとめている。カミングアウトをめぐる子と親、生徒と教師が互いに手紙を書くというコンセプトのもと、カミングアウトした（聞いた）当時の驚き、葛藤、受容など、それぞれの思いが綴られている。

風間孝・河口和也『同性愛と異性愛』岩波新書、2010 年

　エイズ問題や公共施設の利用拒否事件などを題材にしながら、「同性愛嫌悪」について考える。また、日本や海外における「同性愛の歴史」と同性愛者が肯定的に生きていくための取り組みについても紹介している。

第 **8** 章

虐待された子どもはどうなるの？
—— 社会的養護、子ども虐待、ライフチャンス

永野　咲

1 子ども虐待に怒りを感じる皆さんへ

<u>子どもと家族</u>　　毎日のように虐待で命を落としてしまった子どもの
ことがニュースで報じられている。この原稿を書いて
いる今も、児童相談所の一時保護があったにもかかわらず、4人すべての子ど
もが亡くなっていた事件に多くの批判が集まっている。

　「自分で生んだ子どもなのに、虐待するなんて信じられない！」「ひどい目に
あっている子どもたちを助けたい！」と思う人たちも少なくないだろう。「自
分が子どものときに経験したことが今でも思い出されてつらくなる」という人
たちもいるかもしれない。

　「子ども」とは、児童福祉法上 18 歳未満のことを指す。つまり、世の中の人
は、誰もが「子ども」か「元子ども」だ。第1章でも述べられているように、
すべての子どもには、「生きる権利」「育つ権利」「守られる権利」「参加する権
利」がある。これは、国連の子どもの権利条約という国際条約によって定めら
れ、これらの権利を保障するのは国の責務とされている。日本もこの子どもの
権利条約を 1994 年に批准している。今この本を読んでいるあなたが生まれた
のは、子どもの権利条約が批准された後だろうか？　そうだとすると、皆さん
の子ども期にはこれらの権利は保障されている／いただろうか？（筆者は、子ど
も期のちょうど半分である 9 歳のときに子どもの権利条約を批准したことになるが、当時は
そのことを知る由もなかった）。

　この子どもの権利条約は、家族と社会（国）によってすべての子どもに保障されるべきものであるが、時に家族や社会は多様で複雑な様相を呈することがある。

ワーク1

　「家族」という言葉を検索した際に表示される「画像」「イラスト」をインターネットで調べてみよう。その結果から気づいた特徴をまとめよう。

**虐待はどのくらい
起きているか**

　たとえば、子どもの権利が侵害される状況の一つに、冒頭に述べた「虐待」の問題が挙げられる。日本では、子どもに対する虐待は、身体的虐待、性的虐待、ネグレクト、心理的虐待の4種類に分類されており、複数の種類を重複して経験することもある。こども家庭庁支援局家庭福祉課（2023）によると、2021年度には日本全体で20万件を超える虐待相談が児童相談所に寄せられており、この件数は上昇の一途をたどっている（図8‑1）。1日あたりにすると毎日約560件の虐待が児童相談所に相談されていることになる。社会保障審議会児童部会児童虐待等要保護事例の検証に関する専門委員会（2022）では、日本全体で毎年70人の子どもが虐待

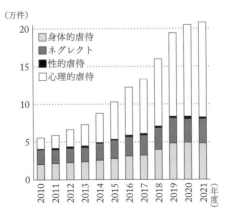

図8‑1　児童相談所での虐待相談の内容別件数の推移
（こども家庭庁支援局家庭福祉課（2023）より筆者作成）

で死亡していることが検証されている。ニュースや報道で取り上げられる「虐待」は、実はほんの一部だということに気づくだろう。

2 家族に何が起こっているのか

一時保護から社会的養護へ　今日「家族」は、子どもを支え育む重要な役割を持つとされる。しかし、家族ありきの制度によって、家族に大きな負担がかかることは、第1章などでもみてきた通りである。このような家族依存社会において、「家族」が「健康」で「安全」ではなくなったとき、すなわち保護者が養育できない・または適切でないと判断されたとき、子どもたちはどうなるのだろうか。

　私たちの社会には、公的責任において社会が家族に代わり子どもを養育・保護する「**社会的養護**」という仕組みがある。市区町村や児童相談所に寄せられた虐待などの相談は、保護の必要があると判断されれば「一時保護」という対応がとられる。2021年度では、児童相談所に寄せられた207,660件の相談対応件数のうち、7分の1〜8分の1の27,310件が一時保護となり、さらにその約6分の1の4,421件が家庭へ戻らずに社会的養護へ措置・委託されている（こども家庭庁支援局家庭福祉課 2023）。

社会的養護の責任　社会的養護には大きく施設養育と家庭養育という形態がある。施設養育には、児童養護施設や乳児院、児童自立支援施設、児童心理治療施設、母子生活支援施設、自立援助ホーム、家庭養育には里親やファミリーホームで生活するなどがある。2016年に行われた児童福祉法の改正以降、社会的養護は、①まずは子どもを分離しなくてよいよう家族を支援すること、②それでも分離が必要な場合には家庭養育を優先して検討し、③それも難しい場合には施設養育（そのなかでも家庭的養育と呼ばれる小さな生活形態によるもの）に期間を限定して措置するという方向に向かっている。ただし、どの形態でも社会的養護が子どもの最善の利益のために、社会全体で子どもを育むという公的責任を有していることに変わりはない。

ワーク2

　自分が社会的養護のもとで生活することになったとしたら、なくてはならない条件や環境は何か挙げてみよう。それが現行の社会的養護制度で保障されているか調べ、その背景を考えてみよう。

　　子どもが保護を
　　必要とする理由

　子どもが保護を必要とする状況はどうして起こるのだろうか。虐待や養育困難となる背景は複雑で、簡単に説明することは難しいが、社会的養護を必要とする子どもの状況から理由の一部を読み解いてみたい。

　厚生労働省子ども家庭局／社会援護局「児童養護施設入所児童等調査の概要（平成30年2月1日現在）」の「養護問題発生理由」から社会的養護を必要とする状況についてみてみよう。対象となる約4万人のうち、放任・怠だ、虐待・酷使、棄児、養育拒否を含む「虐待」が42.2％、保護者の入院や精神疾患などの「健康状況」によるものが17.7％、保護者の死亡や不在・行方不明、離婚・未婚、拘禁などの「家族状況」によるものが14.1％、親の就労・破産などの「経済的理由」によるものも8.4％を占める（図8-2）。

　私たちが社会で生活していくなかでは、さまざまな変化が訪れる。時には、雇用状況や健康状況、家族状況などの変化を余儀なくされたり、震災や災害、事故などの予期しない危機に遭うこともある。こうした変化や危機によって、子どもの養育者が不在になったり、養育が難しくなることは誰の身にも起きる可能性がある。

　雇用や経済、家族の状況は、社会構造の問題（社会のあり方）から大きな影響を受けることを考えると、保護を必要とする子どもたちの状況は、社会構造の問題と地続きだ。つまり、**子ども虐待**の問題は家族や個人の問題ではなく、私たちが生きる同じ社会のなかで生じている私た

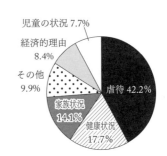

図8-2　児童養護施設等への
　　　　主な入所理由
　　　　（厚生労働省子ども家庭局
　　　　／社会援護局（2020）よ
　　　　り筆者作成）

ちの社会の問題なのである。

3　保護された子どもたちのその後

社会的養護のその後　では、「良い社会的養護」とはどのようなものだろうか。日本の児童養護施設でフィールドワークをしたオックスフォード大学の R. グッドマンは「児童養護施設の働きが成功したかどうか判定するもっとも重要な目安は、退所後に子らがどうなるかということであろう」（グッドマン 2006 : 243）と述べている。公的な責任のもと、家族に代わって養育を提供する社会的養護は、ケアを提供した子どもたちがどのような生活を送っているのか把握し、それをもとにみずからが行ったケアについて評価する必要がある。

　しかし、児童福祉法によって規定される社会的養護制度は、保護・措置の理由となった問題が解決されたり、「虐待の影響から回復した」というようなニーズが満たされたかどうかにかかわらず、主に年齢要件——つまり、「児童」でなくなる 18 歳——で制度の対象から外れてしまう。0 歳で保護されても、17.5 歳で保護されても、18 歳で社会的養護の対象ではなくなってしまうのだ。

　そのため、社会的養護を離れてからの「自立」支援が重要とされるものの、18 歳以降の支援やその責務について明確な規定がなく、支援体制も十分とはいいがたい。さらに、社会的養護を離れた若者たちがどのような生活を送っているか、国による調査が初めて実施されたのは 2020 年度で、それまではほとんど把握されてこなかった（三菱 UFJ リサーチ＆コンサルティング 2021）。わずかに把握された一部の自治体や研究者による調査からは、社会的養護のもとで育った若者たちの「**ライフチャンス**」の格差が垣間見える。

「選択肢（オプション）」の格差　たとえば、「社会的な選択の可能性（オプション）」の格差では、児童養護施設のもとでの高校中退率は 17.2 ％で、これは社会全体のおよそ 10 倍の高さだ（永野 2017）。また、大学等進学率は 17.8 ％（こども家庭庁支援局家庭福祉課 2023）で、全高卒者の 52.7 ％との格差が大きい。そのうえ、社会的養護内でも都道府県ごとの格差が示されてお

り、措置先によって大学等進学の可能性が左右される状況もある。さらに、措置解除後の生活保護受給率は、同年代の約 18 倍以上となっており、顕著な経済状況の格差も示されている（永野 2017）。

　新型コロナウイルスによってもたらされたパンデミックにおいても、社会的養護のもとで育った若者たちに生じた影響は甚大だった。NPO 法人インターナショナル・フォスターケア・アライアンス（IFCA）と筆者が共同で実施したアンケート調査（IFCA プロジェクト C 2020）では、社会的養護のもとでの生活経験のある回答者 425 名のうち、経済状況の見通しについて 22.6 ％が「現在、お金に困っている」、10.4 ％が「1 か月以内にはお金がなくなりそう」と答えており、あわせて 3 割を超える若者たちが現在または近い将来に経済的に困窮する可能性を訴えている。また、37.8 ％が「必要な医療、精神的ケア・カウンセリング、薬の入手ができなくなり困っている」と回答している。

　もともとギリギリの状態で生活していた若者たちに想定外の危機が生じれば、一気に生活が困窮してしまうのである。

ワーク3

　進学や就職などを機に、自分自身で生活を始める場面を浮かべてみよう。その場面ではどのようなものが必要だろうか。たとえば、学費や家賃の確保、賃貸契約をする際の保証人などがあるだろう。書き出してみたものを用意するために、誰の力を借りられるか整理してみよう。そのうえで、必要な支援や制度について気づくことを話しあってみよう。

希薄な「つながり（リガチュア）」　こうした重大な危機に直面しても、社会的養護のもとで育った若者たちが原家族や元の社会的養護の養育者を頼ることは難しい。同調査では 27.8 ％が「自分だけでどうにかしている、または、ほとんど自分だけでどうにかしている」ことがわかっている。自由記述には、「頼れる親族が少ないことを再確認し、孤立感を抱いた」「困っても生活費や食料を援助してくれるような身内もいない」と寄せられている。社会的養護のもとで育つ若者は、家族や社会的養護のもとでのつながり（リガチュア）

も途絶えやすく、児童養護施設を対象とした調査では、退所後の3年間で約3割の退所者が施設と連絡のとれない状況であることが明らかとなっている（永野・有村 2014）。

　そもそも、社会的養護を必要とした若者たち（とその家族）は、保護される前からすでに社会で孤立していることが多く、社会的養護を離れた後にも社会からの差別・偏見にさらされることもある。社会的養護のもとを巣立った若者たちの、家族から・ケアから・社会からの孤立・周縁化が指摘される。

　　　　　　　　　　　　　　社会的養護のもとで暮らす子どもたち／暮らした若
　　　「生の不安定さ」　　　者たちは、自分の「生まれ」や「生いたち」、保護・
措置された理由について、はっきりと知らされていないことも多く、「なぜ自分は社会的養護で育っているのか」「自分が何者か」というアイデンティティが大きく揺るがされることがある。時には、境遇やルーツが突然開示されることによって、自身の「人生」や「育ち」が混乱することもある。加えて、自身の「生命」や存在を身近な大人たちから否定された経験があれば、そうした「自分を大切にする」ことは実感しづらくなる。

　こうした状況に対して、自身の「生」について知ること——生い立ちや家族との関係を整理していくこと、自責の感情を修正しながら過去との連続性を取り戻していくこと、ただ事実を伝えられるだけでなく、保護者に代わる養育者に大切に育てられてきたと実感できること、「あなた自身がとても大切な存在である」と伝えられること——やそのための支援が重要であり、こうした取り組みが「生きること」そのものをつないでいく。

4 人は人のなかで回復する

　これまで社会的養護のもとで育った若者たちと出会うなかで、「自分を応援する観客が一人もいない「かけっこ」で、走っているような気持ち」「自分が努力して成し遂げても喜ぶ人はいないし、失敗しても悲しむ人がいない」「「壁」にぶつかったときに、後ろを振り返ったら、誰もいなかった」といった切実な

声を聴いてきた。社会的養護のもとでは、多くの子ども／若者たちが家族との分断、養育者の変更など人とのつながりが途切れる経験をする。

　統合失調症の家族のなかで子ども時代を過ごした精神科医の夏苅郁子（2017）は『人は、人を浴びて人になる――心の病にかかった精神科医の人生をつないでくれた 12 の出会い』のなかで、「人が人によって回復する力」について自身の体験から力強く述べている。また宮地尚子（2010）は、著書『傷を愛せるか』のなかで、「「エンパワメント」とは、その人が本来もっている力を思い出し、よみがえらせ、発揮することであって、だれかが外から力を与えることではない。けれども忘れていた力を思い出し、自分をもう一度信じてみるためには、周囲の人びととのつながりが欠かせない」と述べている。たとえ、人によって傷つけられたとしても、人は人のなかで回復するということが核心にあり、支えようとする営みにとっての希望でもある。

　これまで述べてきたように、虐待のその後を生きる子どもたちや社会的養護のもとで生きる若者たちの回復や人生を考えるとき、社会との条件（オプション）の格差を是正すること、人と人とのつながり（リガチュア）の重要さを確認すること、「生の不安定さ」に対するケアが不可欠なことなどを確認してきた。「虐待」の問題に皆さんの気持ちが大きく揺らぐとしたら、センセーショナルなニュースに同調し親を断罪するのではなく、虐待や保護を必要とした子ども・若者たちのその後の生活や人生に想いを馳せ、同じ時代の同じ社会に生きる私たちがこれからすべきことは何かを一緒に考えよう。

キーワード

社会的養護

　保護者のない児童や、保護者に監護させることが適当でない児童を、公的責任で社会的に養育し、保護するとともに、養育に大きな困難を抱える家庭への支援を行う制度。社会的養護には大きく施設養育と、里親やファミリーホームで生活する家庭養育がある。

子ども虐待

　子どもに対する虐待は、以下の4種類に分類されている。①身体的虐待：殴る、蹴る、叩く、投げ落とす、激しく揺さぶる、やけどを負わせる、溺れさせるなど、②性的虐待：子どもへの性的行為、性的行為を見せる、ポルノグラフィの被写体にするなど、③ネグレクト：家に閉じ込める、食事を与えない、ひどく不潔にする、自動車のなかに放置する、重い病気になっても病院に連れて行かないなど、④心理的虐待：言葉による脅し、無視、きょうだい間での差別的扱い、子どもの目の前で家族に対して暴力をふるう（DV）など。

ライフチャンス

　ドイツの政治社会学者 R. ダーレンドルフは「社会構造によって付与される個人の発展のための可能性」と定義する。社会のなかの選択の可能性を意味するオプション（options）と「帰属」「人を支え、導くもの」「深い文化的な絆」を意味するリガチュア（ligatures）という2つの要素で決まるとされている（ダーレンドルフ 1982）。永野（2017）は社会的養護のもとで育つ若者の状況から、オプションとリガチュアに加えて、「アイデンティティの根幹にある「生まれ」と「生きる」ことの揺らぎ」である「生の不安定さ」を提起している。

ブックガイド

杉山春『児童虐待から考える──社会は家族に何を強いてきたか』朝日新書、2017 年
　ルポライターの立場から、児童虐待死亡事件を取材した一冊。虐待事件の背景にある社会構造のなかで、追い込まれていく「家族」の状況を浮き彫りにする。

楢原真也『児童養護施設で暮らすということ──子どもたちと紡ぐ物語』日本評論社、2021 年
　児童養護施設の心理職として働く著者が児童養護施設の日常を生き生きと描いた一冊。豊かな文化的視点と自己責任論に対峙する著者ならではの鋭い視点が、血の通った文章を生み出している。児童養護施設で暮らすこと・働くことについて学びたい方は必読。

永野咲『社会的養護のもとで育つ若者のライフチャンス──選択肢とつながりの保障、「生の不安定さ」からの解放を求めて』明石書店、2017 年
　社会的養護のもとで育つ若者たちの状況を、「ライフチャンス」の視点から量的・質的調査によって明らかにしようとする一冊。やや専門的な内容であるが、社会的養護についてより深く考えたい人にはぜひ挑戦してほしい。

第Ⅲ部

支えるという
営みを考える

第 **9** 章

罪を犯した人は幸せになっていいの？
—— 地域生活定着促進事業、ソーシャル・スキルズ・トレーニング、
　　幸福追求権

木下大生

1 罪を犯した人への支援は必要？

**罪を犯した人々
への対応の変化**　　近年、刑務所から出所し再び罪を犯す人（再犯者）を減らそう、という動きが政府の方針として打ち出され、制度などがつくられはじめている。この対策の一環で、政府は 2000 年代前半に、罪を犯した人々や、再犯者がどのような人々であるのかを調査した。その結果、罪を犯す背景には、働くことが難しく福祉制度につながることも難しかったため生活に困窮している状況があることが少なくないことがわかった。

　そこで政府は、生活に困窮しないような支援と環境設定が必要だ、という考えを持つに至った。そして刑務所から出所した後に困ることがないよう、福祉の支援が必要であると本人が希望した場合、福祉の支援につなげる**地域生活定着促進事業**を開始した。刑務所出所者に対する支援は、この他にも、従来からの取り組みで、刑務所出所者を雇用する協力雇用主を募集し、スムーズな就労につなげるシステムなども存在する。

**罪を犯した人に
支援は必要？**　　しかし、このように罪を犯した人の社会復帰を支援する取り組みに対して、「犯罪に至るのは自身の問題」「出所後も困窮し良くない状況に置かれるのは、自己責任である」「このような人々に税金を使って支援をするのは無駄である」「加害者の支援より被害者の支援が優先されるべき」といった声も少なくない。このようにして、刑務所出

所者の支援は厳しい世論に晒される。また、監視したり社会から排除したりするような動きが生じる。

　犯罪者への支援策など必要ないのではないか。こうした意見が多く出る理由の一つに、ほとんどのケースにおいて被害者が存在することが挙げられる。犯罪被害者は何も落ち度がないにもかかわらず、理不尽に被害を受ける。それにより、これまで平穏に送っていた日常生活を営めなくなる場合もある。そのため被害を受けた人々への支援は納得できる。しかし、身勝手な理由から他者を傷つけたり、財産を奪ったりした人物を支援するのはとうてい納得がいかない、というのが一般的な考えであろう。また、犯罪者の支援には税金を使う。自分の欲求や欲望を満たすために罪を犯した人間に対して、なぜわれわれの血税が注がれなくてはならないのか、と。あるいは、どのような状況に置かれていたとしても、犯罪に至らない人がたくさんいることを考えると、実際に犯罪に加担した人々は特殊な人たちで、社会の安全を脅かす存在である。したがって、いつまででも社会から隔離しておいた方がよい、という考えもあるだろう。

　では、あなたは罪を犯した人に対してどのような考えを持っているだろうか。次の節に入る前に、まずそこを明確にしておこう。個人がどのような考えを持つかは自由である。したがって、ぜひ自身の素直な内面に向きあってみてもらいたい。まずは自身の「価値観」をしっかりと捉え、見つめ、受け止めること。支援が必要とされる人々に対する自身の価値観を明確にすること、専門用語でいう「自己覚知」（自分自身の価値観や考えの傾向を客観的に知ること）をしてみよう。

ワーク1

　刑務所から出所する人を「支援する」ことについて、あなたはどのように考えるだろうか。現在のあなた自身の考えを整理してみよう。

2　日本は犯罪大国で危ない国？

犯罪の実態と
人々の意識

　この節を始めるにあたり、最近の日本の犯罪件数は増えているか、減っているか、またそれはなぜかにつ

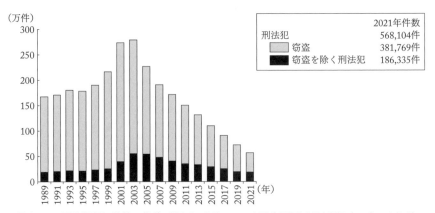

図 9-1　刑法犯認知件数の推移（警察庁の統計による。法務省法務総合研究所編（2023）より作成）

いて、一度本書を置いて考えてみてほしい。

　あなたの考えはどうであっただろうか。この問いの答えは、「近年の日本で
は、犯罪件数は減少している」である。法務省が発表しているデータをみてみ
よう。日本の刑法犯の認知件数は、2000年代前半をピークに一貫して減少し
ており、2021年には戦後最少を更新している（図9-1）。しかし、おそらくこ
れを読んでいる多くの人が「犯罪は増えている」と思っていたのではないだろ
うか。これを書いている私自身も、以前はそのように考えていた。

　少し前の調査（浜井・芹沢 2006）になるが、同じ問いを調査した結果がある
のでみてみよう。「2年前と比べて犯罪は増えたと思いますか？」という質問
に対して、90％の人が「とても増えた」「やや増えた」と回答した。つづいて
同じ人たちに「ではあなたの居住地域ではどうですか？」という質問に対して
は、「とても増えた」「やや増えた」と回答した人が27％であった。つまりこの
質問に回答した人々は、日本全体では犯罪が増加しているけれど、自身の周囲
ではその逆で、変化がない（64.2％）、あるいはとても減った、やや減った（6.4％）
と回答しているのである。これは、言い換えると、全体の傾向として意識のう
えでは犯罪が増加しているが、体感的には変わらないと考えているように解釈
できる。では、なぜこのようなギャップが生じるのであろうか。その理由をひ
もといていきたい。

近年、世の中を震撼させる大きな事件が立てつづけに起きている。いくつか例を挙げると、2016年に神奈川県相模原市にある障害者支援施設において、元職員が19人の入所者の尊い命を奪い、入所者・職員あわせて26人を負傷させた事件が起こった。また、2017年には神奈川県座間市で発覚した9人連続の殺人事件や、2019年にはアニメの制作会社である京都アニメーションに男性が侵入し、放火をしたことで36人が亡くなり、33人が重軽傷を負うという事件があった。

モラルパニック

このように被害者が多い、また加害者が事件を起こした理由が不可解な事件が起こると、連日テレビやネット上で大々的に取り上げられる。そして専門家や有識者などにより、なぜこのような事件が起こったのかについて分析され、その必ずしも正しくない内容が社会に広まる。そして市民団体が社会問題として声を上げ、政府にこのような事件がもう起きることがないよう何かしら制度・政策の構築を嘆願する。このような動きが、政府を動かし、それに対する対策が検討され、また専門家などによって解釈され……ということが繰り返されていく。一つの事件について、このような循環を多くの人が何回も目にすることにより、犯罪が増加しているという意識になっていくのである。この現象を「モラルパニック」と呼ぶ。

ワーク2

「モラルパニック」は私たちの社会にどのような影響を及ぼすことが想定されるかについて、良い影響、悪い影響の両面から考え、それぞれについて書いてみよう。また、犯罪のケース以外にどのような場面でモラルパニックは生じるのかについても考えてみよう。

3 罰するだけだと社会での居場所を失う？

3つの排除

犯罪社会学者のJ. ヤング（2007）は、「モラルパニック」によって社会で起こることとして次の3点を挙げている。①労働市場における排除、②人々の間の社会的排除、③犯罪予防にお

ける排除的活動である。そしてこの3つの排除が生じることで、社会全体が「包摂型社会から排除型社会へ移行」すると説明している。

　一度でも罪を犯した人は、経済活動からも社会活動からも排除され、また前科があるということで人々がかかわらないようにすることで社会とのつながりと居場所を失っていく。では、社会に居場所を失うとどうなるであろうか。それについて考える前に、刑務所から出所した人が社会に居場所がなくなる理由を、刑務所の内部からみてみよう。

　罪を犯した人が刑事裁判で有罪であることが認定されると、どのような刑罰を科すかが決定される。日本では、今後再犯する可能性が少ないなどの理由により、社会内で生活を継続して様子をみる「社会内処遇」と裁判で決められた期間刑務所に入る「施設内処遇」がある。この期間の長さについては、犯した罪の内容をもとに裁判官によって判断される。

応報刑主義と教育刑主義

刑務所は、ある場所に閉じ込め自由を奪う、ということにおいては全世界ほぼ共通している。しかし、収容された人々に何をさせるか、めざさせるか、ということは必ずしも同じではない。刑務所に収容された人々には刑罰が与えられるが、その目的は、大きく応報刑主義と教育刑主義に分けられる。

　応報刑主義とは、刑罰を行った犯罪行為に対する報いとして位置づけられる。行った法律違反とされる逸脱行為を何度も振り返らせ、心地よい思いをさせないようにする環境設定や対応をするものだ。これにより、「被害者の方には悪いことをした」「このような待遇を二度と受けたくない」「この場所にはもう戻ってきたくない」「だからもう犯罪はしない」と反省させ、出所後の再犯をしないようにする考え方である。

　一方、教育刑主義は、応報刑主義のように報いとしての刑罰によって再犯から遠ざけようとするものではなく、改善・更生を一番の目的とし、社会復帰した際に、再犯をしないようにすることをめざす。この根底には、「犯罪に至るのは社会生活上でなんらかのスキルが不足するため」という考えがある。それゆえ、社会のなかで人とかかわりながら生きていくために必要な知識や技術を身につける、**ソーシャル・スキルズ・トレーニング**（SST）などの生活訓練が、

刑務所内での中心的な取り組みになる。

**応報刑主義が
もたらすこと** 日本の刑務所でも、SST を取り入れるなど社会復帰をしやすくするためのプログラムは増えてきてはいるが、原則的には前者の応報刑主義に軸足が置かれてきた。そのため、社会復帰をするためのスキルを身につけることよりも、罰を与え、反省させることに主眼が置かれる。

　名前ではなく番号で呼ばれ、外部の人々との連絡や情報を得ることについて制限され、基本的には入所者どうしでもコミュニケーションは制限される。このように、社会と遮断されたり、人とのコミュニケーションが図れない環境下に置かれることで、社会で生きるためのスキルが低下していくのである。そして、刑期が終わりいざ社会に出たとしても、社会には順応できない、という現実をつくり出す。

　このようにして、刑務所から出所した人は、刑務所出所者という烙印を押されるのと同時に、社会で生きるためのスキルが低下した状態に陥ることで、社会からの３つの排除と社会的不利を突きつけられることになる。

4 社会の価値観を変え支援につなげる

　以上、みてきたように、近年の犯罪件数は減少傾向にあるにもかかわらず、１つの犯罪についてメディアを中心に社会が過剰に取り上げることにより、これまで以上に社会から犯罪者を排除していくサイクルができ上がっている。「犯罪者は社会から排除して、安心・安全な社会をつくろう」という社会の意識が高まっていくことは、悪いことではないのかもしれない。皆、自分や自分の家族、友人など、自分と良い関係にある人々の幸せを願って日々過ごしており、そう考えるのも当然である。しかし、これを犯罪歴がある人に対する社会のまなざしとして正当化してよいのだろうか。

　そう問うたうえで、本章のテーマである「罪を犯した人は幸せになっていいの？」について考えてみよう。これに対する筆者の答えは、「幸せになっていい」である。そのように考えるのには、２つの理由がある。

　1つは、憲法の規定であり、具体的には**幸福追求権**と呼ばれる第13条「個人の尊重と公共の福祉」と、平等権と呼ばれる第14条の「平等原則」である。第13条では、自由と幸福を追求する権利は公共の福祉に反しない限り最大限尊重されること、第14条ではどのような立場にある人であっても差別はされない、という主旨の内容である。憲法を軸にその内容を具現化する法律で成り立っている日本は法治国家である。これらのルールに従った社会形成がなされないと、国自体が根本から揺らぐ。したがって、たとえ罪を犯した人でも刑期を終えて社会復帰したのであれば、原則的に幸福を追求し、平等に扱われてしかるべきである。

　もう1つは、社会の防衛や安定を考えてのことである。現在の日本の刑法では、刑務所に入る判決を裁判で受けた場合、死刑の判決を受けた人以外は、無期懲役であったとしても社会に復帰する（「無期懲役」の文字から生涯刑務所に入ることをイメージするかもしれないが、それは「終身刑」のことである）。「無期懲役」は、「出所期限が決まっていない刑」という意味で、実質的には、入所して10年経過すると、実現するか否かは別として、いつでも出所の可能性があるのである。

　その場合、社会での居場所を失い生活が立ちいかなくなることによって、人によっては再犯に至ってしまう。もし社会の犯罪率を少しでも下げて、より安心した社会を構築していこうとするのであれば、刑務所を出所した人たちに対して、社会で再出発をして安定した生活を送ることができるような支援が必要と考える。そしてその支援は、誰かが行わないと成り立たない。この生活課題の解決の支援は、社会福祉の役割であろう。

　最後に、本章では犯罪者と社会の関係性に焦点化したが、視野を広げると人と社会の関係そのものであるといえるのではないだろうか。なぜなら、ある社会的マイノリティ集団に属する人々への社会の目は、その集団の人たちに対するもののみではなく、その社会全体の価値観を象徴していると考えられるからである。そのような目で、今の日本社会全体を見渡してみてもらいたい。社会のマジョリティから外れていたり、何かしらの理由で外れた人々は、「労働市場」や「人々の間の社会」から排除されていく仕組みが強化されてきていないか。社会福祉の役割は、一人ひとりの人の社会生活における困難と向きあいな

がら、その困難がなぜ生じるのかを社会のあり方から分析し、解決することにある。

ワーク3

　「刑務所出所者に支援は必要ない」という考え方が主流である現在の日本社会で、支援の必要性を理解してもらうためには、どのような方法をとればよいか？　「社会を変える」という観点から考え、4〜5人のグループで議論してみよう。

キーワード

地域生活定着促進事業

　　2009年、本来福祉の支援につながるべき高齢者や知的障害者が出所する際に、福祉の支援につなぐ役割を持った地域生活定着支援センターが、各都道府県に1か所（北海道は2か所）設置された。主として4つの業務を行っている。①コーディネート業務：刑務所等矯正施設を退所する予定の人の帰住地調整。②フォローアップ業務：刑務所等矯正施設を退所した人を受け入れた施設等への助言。③被疑者等支援業務：被疑者・被告人の福祉サービス等の利用調整や釈放後の継続的な援助。④相談支援業務：犯罪をした人・非行のある人等への福祉サービス等についての相談支援。

ソーシャル・スキルズ・トレーニング（SST：Social Skills Training）

　　社会生活を営むうえで、必要な対人関係を円滑にするための知識・技術をソーシャル・スキルズという。ソーシャル・スキルズ・トレーニングは、これらを身につけるための訓練で、「生活技能訓練」や「社会生活技能訓練」と訳される。

幸福追求権

　　日本国憲法第13条に規定されている「生命、自由及び幸福追求に対する国民の権利」のことである。刑務所を出所した人の生活について考えるには、本文で触れた第13条・14条以外に、生存権を保障している憲法第25条も知っておきたい。

ブックガイド

山本譲司『刑務所しか居場所がない人たち——学校では教えてくれない、障害と犯罪の話』
大月書店、2018年

　　刑務所に福祉の支援が必要と思われる人が少なからずいることに触れ、そのような人たちが刑務所にいることについて疑義を唱え、支援の必要性を提唱している。

浜井浩一『2円で刑務所、5億で執行猶予』光文社新書、2009年

　　初犯で重大犯罪ではない場合、被害弁済ができる、適切な謝罪ができる、身元引受人がいる人は刑務所に入りにくく、逆にこの3条件にない人は刑務所に入りやすい。またこの3条件を満たせない人々のなかに、福祉的支援が必要な人が少なくないことを指摘している。

渡邊洋次郎『下手くそやけどなんとか生きてるねん。——薬物・アルコール依存症からのリカバリー』現代書館、2019年

　　著者の半生を描いた手記。幼少期は勉強ができず、自分の存在を周囲に認めてもらうため悪さをし、それがエスカレートして薬物・アルコール、次第に窃盗などの犯罪に手を染めた。そこからの回復と社会復帰までの手記である。薬物・アルコール依存、また犯罪に至るまでの心理を理解することができ、支援者としての視点を育ててくれる。

第**10**章

被災者の命と暮らしをどう支えるのか？
── 被災者支援、危機介入、レジリエンス

山本克彦

1　被災地のリアル

急激に変化する街　日本国内の大規模自然災害といえば、2011 年に発生した東日本大震災があげられる。地震と津波によるその被害は甚大なもので、災害関連死を含めてこれまでに死者は、19,692 人、行方不明者は 2,523 人（NHK 2023）、全壊した住家被害は 122,005 戸（nippon.com 2021）に上った。

　当時、岩手県内陸部にある岩手県立大学に勤務していた筆者は、地震発生の 8 日後、ようやく岩手県の沿岸地域に移動することができた。海岸線まで 7 km ほどの地点から見えたのは広々とした平地の向こうの"海"だった。つまり目の前にあったはずの街がすべて消えたのである。災害とはそういうものなのだ。ついさっきまであったはずの建物、道路、電柱や橋、学校も病院も、破壊されてしまうか、消えてなくなるのである。

　地震とともに街を襲った大津波の高さは 20 m 前後。陸にかけ上がった最大到達高度（遡上高）は 40 m を超えている。津波は"大きな水しぶき"ではない。海面がその高さとなり、迫ってくるのだ。筆者が見た被災地は一度海に沈み、無残なかたちとしてふたたび姿を現したものであった。

　同様に近年の災害をふりかえると、熊本地震（2016 年）のように県域や近隣を中心とする災害や、西日本豪雨（2018 年）のように広域同時多発ともいえる災害もある。災害による環境の変化は、いずれも人の命と暮らしを脅かす甚大

な被害をもたらしている。他にも毎年のように自然災害が起こっている事実は誰もが知るところである。自分自身の居住する地域に、いつ災害が起こっても不思議ではない。被災者という立場におかれる……それは決して他人事ではないのだ。

被害を知るためのデータ｜破壊、消失、機能低下、機能停止、そうしたことが被災した地域全体に起こる。状況はそのつど、災害対策本部によって集約され、「被害状況等」として次のような項目に整理して報告される（表10‐1）。

こうした被害状況だけでなく、支援の状況もあわせて資料が作成され、Web上に公開されているため、時間の経過とともに被災地がどのような状況にあるかを知ることができる。

またこうしたデータは公的機関だけでなく、災害支援にかかわる NPO などによってもアーカイブ化されていることもある。災害発生後、最新の情報を短期的に把握する場合、復旧復興などの状況を長期的に知りたい場合など状況にあわせて、これらを効果的に活用することが望ましい。

表10‐1　「被害状況等」の項目

被害の対象		具体的な状況
人的被害		死者，行方不明，負傷者
住家被害等	住家被害	全壊，半壊，一部破壊，床上浸水，床下浸水
	非住家被害	公共建物，その他
	火災	全焼，半焼，部分焼
交通遮断状況	鉄道，湾港，道路，規制，河川，海岸	
ライフライン等の状況	電気	停電
	ガス	供給停止
	水道	断水
	通信	
	放送	
	燃料	

身近に起こる災害

いつ起きてもおかしくないと警戒されている災害としては、首都直下地震、南海トラフ地震が知られているところである。地震は突発型災害であり、短期の予測は困難である。一方、災害によっては予測が可能なものもある。たとえば風水害は気象予報、天気図などにより数時間、数日前にある程度の予測が可能であり、進行型災害と呼ばれている。

　自分の住む地域が被災地となったら、という想像は今すぐにでも可能である。災害の定義にはさまざまな種類がある。自然現象としては、自分の居住地に起こり得るものとそうではないものがある。起こり得る災害と、そのときの状況を想像することによって、自分や家族、地域住民の命と暮らしを守るために何をすべきかが見えてくるはずである。

ワーク1

　Web サイトを活用し、過去に起きた大きな災害の情報を調べよう。いつ、どこでどのような自然現象が発生し、被災地がどのような状況になったか。被害状況についての具体的なデータ、また、災害について画像や動画を検索し、リアルな被災地の状況を調べてみよう。

2　被災者のニーズを想像する

被災者の生活に目を向ける

数値や映像から、自分が感じたこと、考えたことを整理するには、状況から背景を"観る"ことが重要となる。観るということは意図的に目を向け、そこにさまざまな意味を見出そうと考えることでもある。

　甚大な被害状況や想像を絶する風景にも、災害が発生する前の日常がある。その日常でだれがどのような暮らしをしていたのか、人と暮らしだけではなく、それを支える地域にはどんな社会資源があったのか。人々が楽しみにしていた祭りや行事には文化や歴史がある。それぞれの土地には自慢の観光地や特産品もあったはずである。被災地には、それまでの日常があった。被害を数値や映

像で知ることから、さらに日常の暮らし、つまり被災者の"生活"をていねいに観ることが重要である。

| 被災者の状態から
ニーズを描く | はじめにニーズありき……**被災者支援**も**危機介入**も"そこにあるニーズ"に対して行われる。具体的に被 |

災者はどのような状況に置かれるのだろう。以下の図は被災者の生活に関する多様な側面を6つに整理したものである（図10-1）。

　それぞれの側面から生じる課題は、単独で発生するものではない。物理的な側面、つまり家を失ったり、町全体の建物が崩壊し、交通機関や道路、水道、ガス、電気などのライフラインが機能停止すれば、被災者の生活は激変する。そのことで経済的な側面や精神的な側面をはじめ、さまざまな影響が出ることが想像できる。これら6つの側面は多様かつ複雑に関連しあっている。

　言うまでもないが、実際の災害支援では被災地においてニーズキャッチが行われる。被害状況を早期に把握する意味でも、被災地の行政、社会福祉協議会、NPOなどが地域を巡回する。これはアウトリーチと呼ばれるもので、被災者の声を待つのではなく、つかみに行くという積極的なニーズキャッチである。これによって顕在ニーズだけでなく、潜在ニーズを発見することができる。

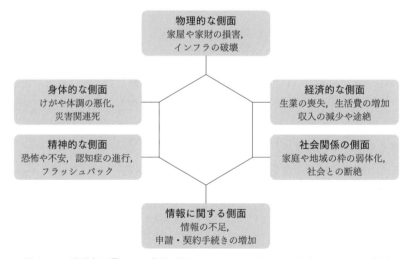

図10-1　被災者が置かれる状況（被災によるさまざまな側面。山本（2022：75）より作成）

> **ワーク2**
>
> 　【ワーク1】で調べた災害の被害状況から、被災地のどのような人が、ど
> んなニーズを抱えていたのかを考え、箇条書きにしてみよう。6つの側面を
> 関連づけながら思いつくものをできるだけ多く書き出してみよう。

　　　　　ニーズとリソース　　　災害派遣医療チーム（DMAT：Disaster Medical Assistance
Team）では、災害を「突然発生した異常な自然現象や
人為的な原因により人間の社会的生活や生命と健康に受ける被害とする。災害
で生じた対応必要量（needs）の増加が通常の対応能力（resource）を上回った状
態である」と定義している（日本集団災害医学会・DMAT 改訂版編集委員会編 2015：
2）。

　私たちが暮らす地域は平常時から、なんらかのニーズとそれに対応するリ
ソースのバランスで成り立っているといえる。心身の不調や傷病というニーズ
に対し、リソースとしての病院があり、食料をはじめ生活に必要なものに対し、
それらを購入するための商店がある。リソースはハード面だけでなく、人材や
技術、情報といったソフト面も含まれている。言うまでもなく、被災地には
ニーズ増、リソース減というアンバランスが生じる。

3　地域を基盤とした災害支援

　　　リソースとしての　　　【ワーク2】を実施するとともに、それらをさらに
　　　災害ボランティア　　細分化してみると、あなた自身にもできる支援が見え
てくる。いわゆる災害ボランティアである。災害の種類や発災からの時間の経
過にもよるが、災害ボランティア活動（例）をあげておく。この一覧から【ワー
ク2】の被害との関連を考えることも一つの学習である。

災害ボランティア活動（例）

災害時最優先配慮者（避難行動要支援者、災害時要援護者）のサポート／泥だし、片付け作業／炊き出し、副食調理・提供／物資支援／遺留品洗浄／避難所支援／入浴支援／病院送迎・移動支援／引っ越し手伝い／荷物の移動・保管／心のケア／就労支援／元気づけ行事／よろず相談、話し相手、寄り添い支援／家事手伝い／買い物代行／多言語・多種情報の提供／通訳、翻訳、点訳、手話／わかりやすい情報提供／申請手続き支援／託児・学童保育や児童館支援／子どものサポート、学習支援、子どもの居場所支援／環境支援、ダニ駆除、消臭、消毒／洗濯支援（ふとんや衣類）／サロン、場の提供／作業用機材提供／大工ボランティア／ペットの世話／個別のニーズ対応（アトピー食、糖尿病食）／瀬戸物市や復興支援バザー／避難所やテント生活のサポート／生業支援（農業や漁業の手伝い、商品開発や販売補助）など

（桑原英文作成／篠原辰二ら加筆）

　国内での災害ボランティアは被災地の災害ボランティアセンターを通して、ニーズとのマッチングを行うことが多い。災害ボランティアセンターは被災地に生じたニーズと、ボランティアを含むリソースに関するさまざまな調整を行う役割を持つ。被害状況によって、被災地内の住民によるボランティアだけでなく、全国からボランティアが集結する。感染症拡大のような状況下では、ボランティアが現地入りするには制限がかかるが、今後の災害時に備えて具体的な被災地支援を描いてみることは重要である。

個と地域を意識した支援

　災害が起きた地域は被災地と呼ばれ、そこに暮らす人々は被災者と呼ばれる。被災者支援は個々の被害状況にあわせて支援が展開される。個への支援には地域の力として、専門職や地域住民やボランティア、NPOなどの参画が重要となる。「個を地域が支援」するという考え方である。これは平常時と同様であるが、災害時には前述のようにニーズ増、リソース減という事態が生じる。圧倒的なリソース減に対しては、地域の外からの支援者（以下、外部支援者）を必要とするのが災害時の特徴である。この外部支援者も専門職やボランティア、NPOなど多様であり、多職種・各種機関による連携、協働が求められる。災害によって"新たな地域"が形成されるともいえる。

被災地の人の命と暮らしを支えるには、この "新たな地域" がどのように機能するかが重要であり、「個を支える地域をつくる支援」というもう一つの考え方が災害支援には求められるのである。

4 平常時からの備えを考える

防災・減災という視点　だれもが大切にしている「"ふ"だんの"く"らしの"し"あわせ」をみんなで実現していくことが福祉だとするならば、災害は一瞬にして日常を壊してしまう事態である。自然災害は人間では太刀打ちできない膨大な力が日常を襲う。大地を揺らす地震、大雨や暴風、火山の噴火など、防ぎようのない状況となる。毎年くりかえされる災害の報道には、過去と同規模の災害であっても、被害を最小限に抑えている事例が数多く見られる。これは過去の災害に学び、地域に災害が起こったときを想定して、被害を可能な限り小さくしようと、多様な備えに取り組んできたことの成果である。

「人の命と暮らしを支え、守る」という活動は災害が起こってから行われるものだけではない。災害が起こるかもしれない地域が、そのときの被害を最小限に抑えられるように "平常時から" 考え、事態に備える。それもまた人の命と暮らしを支え、守ることだといえるのだ。

災害時にも強い地域をつくる　地震や火山噴火は突発型、台風や大雨は進行型といわれるが、いずれにおいても人の命を支え守るには、まず避難行動が重要である。災害対策基本法では避難行動要支援者として、「災害が発生し、又は災害が発生するおそれがある場合に自ら避難することが困難な者であって、その円滑かつ迅速な避難の確保を図るため特に支援を要するもの」と定めている。前に述べた防災・減災の視点でも、平常時からの避難行動要支援者の把握が重要であり、各地域で名簿の整備やマニュアルの作成が進んでいる。

ワーク3

　避難行動要支援者とはどのような人なのかを考えてみよう。あなた自身の地域（市町村）では、避難に支援を要する人たちに対し、どのような備えをしているかを調べ、グループで共有してみよう。

レジリエンスを高める　　　災害という状況のなかで被災者支援の対象は避難行動要支援者だけではない。被害が大きい場合は、多くの地域住民が避難所を活用し、そこでの生活も長期化する。家屋が全半壊するなど、復旧のめどが立たない場合は避難所から応急仮設住宅、災害公営住宅などへと、被災者の居所は変化する。さらに被災者の生活を支える地域の社会資源や地域コミュニティの復興をも考えねばならない。

　もしあなた自身の居住する地域が大災害に見舞われたら、地域住民全員が避難行動要支援者となる可能性もあるのだ。警察や消防のような公的機関も被災し、病院が機能停止することもある。特に災害発生からの一定の期間、そうした状況下で人の命や暮らしを支え、守るのは、地域コミュニティそのものが持つ力、すなわち**レジリエンス**である。地域のレジリエンスを高めるためにできることは何か、平常時にこそ、真剣に考えておかねばならない。

キーワード

被災者支援

　大規模自然災害にともなう避難生活（避難所、在宅）や、応急仮設住宅での生活、災害公営住宅などへの移転など、被災者を取り巻く生活環境は変化しながらも長期化する。そのなかで、被災者が安定的な日常生活を営むことができるように、円滑な住宅・生活再建の支援、心身のケア、生きがいづくり、コミュニティ形成の促進など、個人と地域の課題解決を総合的に支援すること。

危機介入

　日常生活において個人および家族あるいは生活するコミュニティが、従来の対処方法では対応できない問題や課題に直面し不均衡状態に陥っている状況に対して、積極的・直接的に介入し危機状況からの回復をめざすこと。災害時は問題や課題が同時多発的に起こること、また平常時の支援リソースも被害を受けていることから、迅速な状況把握、支援の組み立て、実施が求められる。

レジリエンス

　レジリエンス（Resilience）の本来の意味は弾力性・回復力・反発力だが、被災地支援の現場で用いられるレジリエンスは、災害などのリスクに対応し得る能力や、本文にも述べた多様な側面からなる被害を最小限に抑える力のことである。

ブックガイド

山本克彦編『災害ボランティア入門——実践から学ぶ災害ソーシャルワーク』ミネルヴァ書房、2018 年

　災害ボランティアとは何か。特に学生が被災者支援にかかわる時、人や地域とどのように向きあい、社会資源を活用するのか。また継続的な支援を行う上で必要な資源は何かなどを全国の実践例とともに具体的に解説している。

上野谷加代子監修／日本社会福祉士養成校協会編『災害ソーシャルワーク入門——被災地の実践知から学ぶ』中央法規出版、2013 年

　東日本大震災などでの実践から、フェーズごとに被災者支援の方法や概念を示し、災害時におけるソーシャルワークを理論化。現地で活動する学生への研修など実践の詳細も記述されている。災害時や平常時の防災・減災にかかわるすべての支援者に向けた入門書。

岩間伸之・原田正樹『地域福祉援助をつかむ』有斐閣、2012 年

　多様な生活課題に対する地域福祉援助の具体的な方法を事例とともに解説。平常時からのネットワーキングや協働・連携、住民の主体形成や福祉教育の重要性など、災害時に生きる地域のレジリエンスを考えるヒントとなる一冊。

第**11**章

難民の暮らしは誰が支えるの？
―― 在留資格、人間の安全保障、グローバル・イシュー

添田正揮

1　「難民」とは誰のことなのか

難民＝困難に
直面している人？

「難民」という言葉からどのような人や状況をイメージするだろうか。日本では迫害や紛争に直面したり難民と直接かかわったりする機会がほとんどなく、新聞やテレビなどでは、「帰宅難民」「買い物難民」「ネットカフェ難民」「保育難民」「介護難民」といった「〇〇難民」という造語を見聞きすることが多い。そのため、本来の意味での難民の人物像をイメージしにくくなっているといえる。

　難民とは本来的には「難民の地位に関する条約」（以下、難民条約）で定められた人々を指す。人間の命や尊厳が脅かされ、家族や友人などの人間関係や社会関係が壊され、夢や希望に満ちた未来が奪われるなどきわめて深刻な問題に直面している人々といえる。

　国連難民高等弁務官事務所（UNHCR）によれば、2020 年末時点で強制移動に直面して故郷を追われて避難した人は世界で 8240 万人とされている（UNHCR 2021）。世界の難民の約 7 割は紛争や内戦が起きている国の出身者であり、移動手段が限られ、子どもや高齢者もいることから、自国の近隣国に避難している。紛争地から地理的に離れ、文化圏が異なる日本に避難する人は少なく、実際に日本に難民認定申請をした人は 2022 年には 3,772 人、認定した条約難民は 202 人となっている（出入国在留管理庁 2023：1, 7）。

　出入国管理及び難民認定法では、「難民条約」または「難民の地位に関する

議定書」（以下、議定書）の規定により、難民条約の適用を受ける人を「難民」と定めており、こうした難民を「条約難民」と呼ぶ。また、条約難民とは別に「定住難民」（1978 年から 2005 年まではインドシナ難民、2010 年以降は第三国定住難民）という分類があり、難民キャンプなどで一時的な庇護を受けた難民で、日本または新たに受け入れに合意した第三国に定住する人々を指す。

| 日本で難民認定を受けるための条件 | 　日本で難民として認められるためには、難民条約に基づいて以下の 4 つの条件を満たすことが必要であり、条件 1 に規定された 5 つ（人種、宗教、国籍、特定の社会的集団の構成員であること、政治的意見）の理由のいずれかに該当しなければならない。

条件 1
人種、宗教、国籍、特定の社会的集団の構成員であることや政治的意見を理由とする

条件 2
国籍国の外にいる

条件 3
迫害を受けるおそれがあるという恐怖がある

条件 4
国籍国の保護を受けることができない、または恐怖を有するために国籍国の保護を受けることを望まない

　難民認定された事例を理由別に整理したのが表 11 - 1 である。本来であれば国民の命や人権を守るべき政府が暴力を放置して恐怖を与え、家族や親族など身近な存在が加害者となるなど、その国で生きていくことがいかに危険で困難なことなのかが想像できるだろう。

表11 - 1　難民認定の理由と事例の概要（出入国在留管理庁（2021）より一部要約）

理由	事例の概要
人種	A 国内では B 民族を差別、排斥する政策が政府によって組織的に公然と実行され、民族主義的感情が民衆の間にくすぶり続け、A 国人ではない民族は嫌がらせや差別を経験し続けてきた。
宗教	改宗したという理由で政府から迫害を受ける恐れがある。
特定の社会的集団	同性愛者であるかを検査するために拘束されて病院に連行され、逃亡したところ発砲された。国では同性愛行為を厳格に処罰する法律がある。
政治的意見	大学のシンポジウムで反政府的な発言をしたところ、政権（当時）の支持者から暴行を受け、反政府デモに参加し SNS でデモへの参加を呼び掛けたところ、大統領（当時）が組織した民兵組織から監禁され暴行を受けた。

2　難民認定の過程で生じる問題

難民問題と聞くと難民認定された人に意識を向けがちである。しかし、日本における難民や庇護を求める人々を理解するためには、認定前の状況や難民に関する法制度の問題にも注視する必要がある。

申請前の段階における問題　認定を受けるための手続きにあたっては、難民の条件1と3に関する出来事が事実であることの証拠（書類や関係者の証言など）を申請者みずから示す必要がある。これが難民認定の高いハードルとなっている。迫害を受けるおそれや命を失う危機に直面している申請者が、日本の難民認定制度や手続きを事前に調べ、認定に必要な資料を漏れなく準備してから避難するのは現実的に考えて簡単なことではない。

一方、難民条約には、難民の権利や義務についての規定があり、生命の安全を確保するため、①難民を彼らの生命や自由が脅威にさらされるおそれのある国へ強制的に追放したり、帰還させたりしてはいけない（難民条約第33条、「ノン・ルフールマン原則」）。②庇護申請国へ不法入国しまた不法にいることを理由として、難民を罰してはいけない（難民条約第31条）という2つが保障されている。日本では、難民であることの客観的証拠を持ち出せず逃げてきた人に対して、"疑わしきは申請者の利益に"という原則が重視されていないのが現状である。

申請処理の期間中における問題　難民の認定は、市役所や役場などで行う住民票の請求とは異なり、申請したその日に処理され通知されるわけではない。法務省では申請から難民に該当するかを判断するまでの期間（標準処理期間）を6か月で処理できるよう努めるとしているが、実際は一次審査の平均処理期間は約33.3月、不服申立ての平均処理期間は約13.3月となっており、申請の処理と収容の長期化が問題となっている（出入国在留管理庁 2023：6）。

そして、処理期間中での人権や生活に影響するのが**在留資格**である。日本国

籍以外の人が日本に滞在するためには在留資格が必要となる。在留資格は定期的に更新しなければならないが、国が更新を認めなかった場合は不法滞在となり、出国を命じられ、国を出るまでの間は原則、法務省が設置する収容所（入管施設）に収容されることになる。健康面などやむを得ない事情がある場合には「仮放免」として施設の外で生活することが認められるが、仮放免の場合は就労や県外移動が原則できず、国民健康保険にも加入できない。2022 年の難民認定申請者の申請時における在留状況は、正規在留者が 3,069 人（申請者総数の約 81 %）、非正規在留者が 703 人（同約 19 %）となっている。

　認定処理の期間中に申請時の在留資格を失った場合や強制送還の対象となる理由が生じた場合は、入管施設に長期にわたり収容されることがある。収容が5 年にわたるケースも発生していることから、国連から「市民的及び政治的権利に関する国際規約（自由権規約）」の 9 条（すべての者は、身体の自由及び安全についての権利を有する。何人も、恣意的に逮捕され又は抑留されない）に違反しているとの指摘や、難民認定申請者に対する差別的な対応が常態化しているなどの指摘を受けている。さらに、国連人権理事会の特別報告者と恣意的拘禁作業部会も「3 回以上の難民申請者の送還は、生命や権利を脅かす高いリスクの可能性がある」「上限のない収容は拷問・虐待に当たる可能性がある」と指摘し、制度的・組織的なレベルでの人権侵害といえる問題が存在している。

難民認定に至る
裁判の事例

特定の社会的集団（同性愛者）に該当する難民認定の申請に関する事例をみてみよう。

新聞記事

　大阪地裁判決（3 月 15 日）によると、女性は 2020 年 2 月に来日。難民申請したが不認定とされ、国外への強制退去処分も出た。判決は、女性が 17 年に同性愛を理由にウガンダで逮捕され、警察官から棒で殴られて負傷したと指摘。母国に強制送還されれば迫害の恐れがあるとして、国の難民不認定と国外退去の処分をいずれも取り消した。
　（久保玲「待ちに待った難民認定書　同性愛で迫害、国敗訴　ウガンダ女性に」『毎日新聞』2023 年 4 月 20 日大阪朝刊より抜粋）

　ウガンダでは同性愛行為が法律で禁止されており、2023 年 2 月には、同性愛の助長、同性愛行為の共謀なども刑罰の対象とする「反同性愛法案」が議会

で可決されている。難民認定においては、より高い人権意識を持って調査や判断がなされなければならない。

　以上のような問題があるにもかかわらず、2023年6月9日、3回以上難民申請をした人を本国に送還することを可能とする措置を含む「出入国管理及び難民認定法」の改正案が成立した。成立前に国連人権理事会特別報告者が日本政府に改正案の見直しを求める書簡を公表したが、法務大臣は「一方的な公表に抗議する」と一蹴している。日本は、国際的な人権基準を下回る難民認定制度の運用へと舵を切ったといわざるを得ない。

認定決定後の
生活における問題

　在留が認められた難民は、定住にあたりどのような問題に直面しているのだろうか。難民の定住支援を行っている団体によれば、主な相談内容は難民申請者の保護費（8,130回）、家族生活（5,094回）、医療（2,780回）、国籍入管（2,545回）、教育（1,512回）、職業（860回）となっている（表11-2）。相談内容のうち、家族生活や職業、住宅、医療などは国籍や立場に関係なく日本で生活していくうえで直面しうる問題といえる。一方、難民申請者の保護費や国籍入管、教育に分類されている相談内容は、外国籍である難民が抱える特有の問題といえる。日本という社会で健康な生活を営み、人生を築いていくための仕組みや方法が整っているかが問われる。

表11-2　難民相談 年間集計 2021年度（難民事業本部 2022）

分類	相談回数計	相談内容（回数）
難民申請者保護費	8,130	措置照会（1,807），支給・領収（1,626），調査・面接（1,453），その他（3,244）
家族生活	5,094	保育・児童相談（667），結婚（443），年金・老人（338），その他（3,646）
医療	2,780	病気・怪我（725），予防接種（423），医療費（244），その他（1,388）
国籍入管	2,545	帰化（805），家族呼寄せ（595），永住申請（433），その他（712）
教育	1,512	学校生活（274），日本語（222），奨学金・援助金（143），その他（873）
職業	860	求職・就職（164），労働災害・職場の問題（98），その他（598）
その他	1,777	情報提供（853），住宅（836），事故犯罪（69），その他（19）

ワーク1

　自分が国外に避難しなければならないと仮定し、保護を求める国、その国を選ぶ理由、避難先の国に期待することを、難民の立場から考えてみよう。

3 日本における難民支援の実際

**行政セクター
による支援**　　　私たちが、身体的にも精神的にも社会的にも満たされた健康な生活（ウェルビーイング）を送るためには、個人的な努力や活動（自助）だけではなく、公的な仕組み（公助）としての社会保障や各種サービスが整備され、実際に利用できるということが重要となる。社会保障は、生活の保障・安定とともに、個人の自立や家庭機能を支え、社会的安全装置（社会的セーフティネット）の役割を果たし、所得の再分配やリスク（危険）の分散の機能を有していることから、日本で生活するうえで必要不可欠である。

　条約難民として認定された場合には「定住者」の在留資格が認められ、在留期間は通常 5 年とされる。そして、単に在留資格を得るということだけではなく、日本国憲法第 25 条に規定されている生存権が保障されるとともに、世界保健機関（WHO）憲章で示されている基本的権利としての健康を享有するこ

表11 - 3　難民認定と行政サービスの受給資格の関係（難民支援協会 2019：17）

行政サービスや権利	難民認定	難民不認定	
在留資格	定住者 5 年	人道配慮 特定活動 1 年	在留資格 なし
定住支援	○	×	×
生活保障	○	○	×
就労	○	○	×
国民健康保険	○	○	×
住民票	○	○	×
難民旅行証明書	○	×	×

とも保障されることを意味するため、きわめて重要である。難民認定を受けた外国人は原則として日本人と同じように待遇され、国民年金、児童扶養手当、福祉手当などの社会保障やその他の行政サービスの受給資格が得られる。文化庁では、条約難民の定住支援の一環として日本語教育事業を実施している。表11‒3は、難民認定された場合とされなかった場合に利用できるサービスや権利の違いをまとめたものである。難民認定されず、在留資格がない場合は、生活を維持するための制度やサービスを利用することができないことを意味する。

民間セクターによる支援　　難民支援は行政セクターだけで完結するものではなく、公益法人や特定非営利活動法人（NPO法人）、ボランティア、住民活動などの民間セクターによって支えられている。

　公益財団法人難民事業本部では、政府から委託を受けて、難民が日本で自立定住していくための支援を行っており、定住に必要となる生活費、住宅費、医療費などの経済的支援を行っている。定住支援プログラムとしては、①日常生活に必要な日本語力を身につける日本語教育、②日本の社会制度や生活習慣、文化、保健衛生などを学ぶ生活ガイダンス、③就職先や職場適応訓練先のあっせんを行っている。

　認定NPO法人難民支援協会では、難民認定のための法的支援、個別のカウンセリングや医食住の確保などの生活支援、就労支援、地域住民との関係づくりや共生に向けたコミュニティ支援などを行っている。そのほか、社会福祉法人や財団、大学ボランティア団体などが難民の子どもを対象とした学習支援を行っている。

　さまざまな支援者や団体が存在することで、難民一人ひとりの立場や状況を踏まえるとともに、ニーズに適合した支援を実現することができる。

4 「誰一人取り残さない世界」の実現に向けて

社会福祉の研究や実践のための基盤　　難民問題を解決するためには、人権や**人間の安全保障**など「国家の枠組みを超えた包括的な理念や規範

（グローバル・エシックス）」が必要となる。国際社会では、人権は人としての尊厳に基づくものであり、国家主権を拘束し、それに優位する普遍的なものと理解されている。

　国際機構で最初に宣言された包括的人権文書となる「世界人権宣言」（1948年12月10日採択）第22条では「すべて人は、社会の一員として、社会保障を受ける権利を有し、かつ、国家的努力及び国際的協力により、また、各国の組織及び資源に応じて、自己の尊厳と自己の人格の自由な発展とに欠くことのできない経済的、社会的及び文化的権利を実現する権利を有する」とされている。

　社会福祉の研究や実践においては、これらの理念や規範を研究や実践の基盤としていることを忘れてはならない。

グローバル・イシュー としての難民問題

難民問題は、国家成立の歴史や政治体制、民族対立、宗教、国境を越えた人口移動などさまざまな要因が複雑にからみあっており、特定の国だけではなく地球的規模で解決が必要な問題、すなわち**グローバル・イシュー**として認識されている。国際連合では、2022年時点で以下の24項目をグローバル・イシューとし、難民問題の解決に向けて取り組んでいる。

グローバル・イシュー

①アフリカ、②エイジング（高齢化）、③エイズ（HIV感染症）、④原子力エネルギー、⑤SDGsのためのビッグデータ、⑥オンラインにおける子どもと若者の安全、⑦子ども、⑧気候変動、⑨脱植民地化、⑩民主主義、⑪軍縮、⑫貧困撲滅、⑬食糧、⑭ジェンダー平等、⑮健康、⑯人権、⑰国際法と正義、⑱移住、⑲大洋と海洋法、⑳平和と安全、㉑人口、㉒難民、㉓水、㉔若者

(United Nations "Global Issues")

　難民の約4割は子どもである。子どもの権利条約を踏まえると、生きる権利、育つ権利、守られる権利、参加する権利を侵害される危機的な状況下で生活しており、国際的にも解決すべき深刻な問題となっている（⇒第1・4・8章参照）。難民問題をより深く、正確に理解するためには、日本だけではなく世界にも視野を広げる必要がある。

ワーク2

　世界で起きている難民問題を理解しよう。国連のデータベースを活用し、特定の国や地域を選び、強制移住を強いられている理由や背景、難民キャンプや避難先での生活を調べてみよう。

多文化共生・社会統合
に向けた取り組み　　多文化共生や社会統合は、移民や難民の受け入れの歴史が深い欧米諸国においてもいまだに議論が続いている問題である。滝澤三郎は、「難民の受け入れは一時的であるが、難民が新たな国で受け入れ国市民と共生するに至る社会統合は何年にもわたるプロセスである」と指摘している（滝澤 2017：296）。

　難民認定によって法的な地位を得ると、一次的には日本人と同じ社会保障制度の受給要件を得ることになるが、それで難民問題が解決するわけではない。教育、福祉、医療、保険、就労、住居などといった生活を支えるさまざま仕組みや利用方法などは母国とは異なることに加え、言葉の障壁や情報不足などのためサービスへの接近性や利用しやすさ（アクセシビリティ）に問題が生じる場合がある。サービスや社会資源は、それらに関する十分な情報が提供され、その人にとって一番必要なときに、利用できなければならない。それによってはじめて、生活の営みのなかで人間としての尊厳と人権が守られ、家族や同国人といった支えあうネットワークだけではなく、難民にとって身近な環境で生活している一般市民が生活を支える人材となることができる。

ワーク3

　難民とともに生きる社会を実現するために社会の多様な主体がすべきことを考える。政府、地方自治体、民間企業・団体、NGO、個人など、多様な主体（アクター）を想定し、グループメンバーで役割を決めてそれぞれがすべきことを考えてみよう。

キーワード

在留資格

　外国人が日本で行うことができる活動などを類型化したもので、法務省（出入国在留管理庁）が外国人に対する上陸審査・許可の際に付与する資格である。資格の種類は、就労が認められる資格（活動制限あり）、身分・地位に基づく資格（活動制限なし）、指定される活動が認められる資格（特定活動）、原則として就労が認められない資格に分類される。

人間の安全保障（ヒューマン・セキュリティ）

　国連開発計画（UNDP）が刊行した『人間開発報告書　1994』で使用された概念で、人間の生存にとって重要な 7 種類・分野（経済、食糧、健康、環境、個人、地域社会、政治）の安全保障を総括して「人間の安全保障」とした。

グローバル・イシュー

　グローバリゼーションの進展にともない、貧困、環境破壊、自然災害、食糧危機、感染症、紛争・内戦、テロ、経済・金融危機といった問題は国境を越え相互に関連しあい、人々の生命・生活に深刻な影響を及ぼしている。これらは「地球的規模での解決が必要な問題（グローバル・イシュー）」であり、従来の国家を中心に据えたアプローチだけでは不十分になってきている。新たな対応が求められている。

ブックガイド

滝澤三郎編『世界の難民をたすける 30 の方法』合同出版、2018 年

　複雑な難民支援の仕組みや取り組みを理解しやすい表現を用いて説明しており、初学者に最適な一冊。

滝澤三郎・山田満編『難民を知るための基礎知識――政治と人権の葛藤を越えて』明石書店、2017 年（第 5 刷は 2022 年）

　難民問題を理解するための理論や他国の状況を学術的に整理しており、難民問題を体系的に理解することができる。第 5 刷ではウクライナ戦争に関する修正が入り、ページ数が 13 ページ増えている。

滝田賢治・大芝亮・都留康子編『国際関係学――地球社会を理解するために〔第 3 版補訂版〕』有信堂高文社、2023 年

　グローバル・イシューとしての難民問題について国際関係の諸理論や観点から俯瞰的に学習することができる。

第**12**章

多文化共生社会にどう向きあうべきか？
── マイノリティ、同化政策、脱植民地化思考

岡田ヴィンス

1 日本の文化と民族って一つなの？

文化と民族 | 　筆者が住んでいるハワイでは、アメリカ全体で**マイ
ノリティ**（少数派）とされる非白人が人種的マジョリ
ティ（多数派）と呼ばれ、さまざまな文化に触れる機会が日常的にある。夏には
毎週末にどこかで盆踊り（Bon Dance）があり、中国の旧正月を祝い、州の休日
としてハワイ王族の誕生日を祝う。各々の文化的行事や祝い事、習慣がハワイ
に住んでいる人たちにとってはあたりまえのもので、互いの習慣や特徴を尊重
する意識が見える。先代の歴史や大切にしてきた価値観やストーリーを守る人
たちから多くのことを学ぶ機会があり、同時に違いを感じることから、自身の
ルーツやアイデンティティについて考えることも多い。

　かつて日本のとある政治家が「日本は単一民族の国だ」と発言し、批判を浴
びたことがあった。日本には、北海道や日本列島北部周辺の先住民であるアイ
ヌ、琉球王国が統治していた時代の沖縄にルーツを持つ人々、韓国・朝鮮系、
中国系の人たちも長年住んでいる。それ以外にも近年親や家族が日本以外の
ルーツを持つ人たちも増えており、また前章でみたように難民として日本に来
た人たちもいる（第11章参照）。木村（2013）によると「民族」という言葉は、
歴史的・政治的・社会的文脈により解釈も違い曖昧にされることも多いが、
「文化」と定義される固有の習慣や価値観などを共有し、独自の言葉を話す人
間の集団と理解されることが多い。

　ダイバーシティや多様性という言葉が広がるなか、文化や民族のみならず、生活スタイルや人々の多様な状態を認識し、尊重するという姿勢を、社会全体で広く共有し、浸透させる必要がある。

　　　　　アイヌ民族って　　　　　ある夏、ハワイの先住民族のクプナ（高齢者）の方
　　　　　どんな人たち？　　　　　とボランティアの作業をしている際に、「アイヌの高
齢化問題にはどういう特徴があるのか」と突然尋ねられた。メディアや日常会話を通じて、日本の高齢化問題については知識があったのである程度は答えられたものの、アイヌの高齢化問題に関しては無知で答えられなかった。アイヌについて習ったこと、知識がほぼないことに気づいた。帰宅後にインターネットで調べてみると、アイヌの言語、歴史やアート、音楽などの情報はあっても、高齢者の課題や今の生活状況など、社会的側面についての資料やデータはほとんど見つけられなかった。

　米国の病院では、問診票で人種や民族が尋ねられる。医療関連の研究者は、この回答をビッグ・データ化する。年齢、地域、人種ごとに違うデータを取得できるため、病気の治療や健康関連の増進につなげられる。日本の場合は、人種や民族ごとのデータを集めることがないため、アイヌ研究の分野は限定的なのかもしれない。北海道が 2013 年に実施した「アイヌ生活実態調査」によれば、アイヌの人口は、２万人ほどとされているが、正式には統計がとられていないため、実際にはもっと多くいるという説もある（北海道アイヌ協会「アイヌの生活実態」）。

　どのような人をアイヌと呼ぶのかという議論もある。先住民の定義として、人種や血筋で区別する場合もある。「他から区別された社会的・文化的な集団」（The World Bank 2023）、「侵略および植民地化以前に自身のテリトリーにおいて発達してきた社会」（United Nations 1983）などの国際機関での定義もあるが、同時に「歴史的に、先住民族は他から定義を強制されることによって苦しめられてきた」過去もある。アイヌは北海道内でもさまざまな地域にいて、それぞれに独自の文化や言語、生活様式を育んできた。そのため、カテゴリー化よりも、地域ごとのアイヌの歴史や現状を学び、日本の植民地化・**同化政策**がアイヌの生活に与えた影響を知ることが大切である。また、アイヌの人々が政府や社会、

人々に対しどのような望みを持つのかを理解することが重要だ。

　今の日本は「多様性」「多文化共生」という言葉が先走りし、国の制度や人々の理解が実態にまだ追いついていないように感じる。アイヌのリーダーで国会議員だった萱野茂氏（故人）は、「日本人のアイヌ文化や伝統的な生活の仕方の知らなさや、過去の法律や政策の影響がアイヌの苦しみやもがきの理由になっている」と話した（上村 2008）。学ぶ機会を意図的に増やすことから、理解を深め、尊重し、社会全体で協力・協働体制を整えることが共生の手立てとなる。まずは調べる、話を聞いてみることから始めてみよう。

ワーク1

　日本での多様性・多文化について、以下の2点を考え、まとめてみよう。
(1)　「多様性」「多文化」と聞いて思い浮かぶ、日本在住の人々の歴史や現状はどのようなものだろうか。
(2)　その人々には、どのようなニーズや課題があるか。

2　日本の植民地化・同化政策

　　北海道での開拓　　　19世紀中頃から始まった明治政府による蝦夷地（北海道）の開拓史は、もともとの先住民・アイヌのレンズを通せば植民地化、同化の歴史とも捉えられる。

　未開の地とされていた北海道に日本から開拓使が来て、欧米由来の新しい技術を用いた農業、鉱工業などの産業を広めるために土地の調査が進められた。その調査は日本の発展と利益のためであり、アイヌの伝統や文化（言語、習慣、価値観、世界観など）は無視された。北海道の住民管理、また農地化や産業発達のため、戸籍法（1871年）や農地改革法（1869年～90年代）などが施行され、その結果アイヌの伝統的な活動や言葉が禁止され、日本本土の和人の生活様式に強制的に同化させた。もともと農業が生活の主ではないため、アイヌは新しい移民たちから土地を奪われ生活自体も苦しくなった（多原 2006）。

　その後、アイヌの救済案として北海道旧土人保護法が1899年に施行される。

内容は、「保護」という名のもと、日本文化への同化をさらに強要するものだった（上村 2008；アイヌ民族博物館監修 2018）。

同化政策のアイヌ
への影響は？

日本の開拓に関連する政策や法律は、アイヌの人たちにどんな影響があったのだろうか。長期間にわたる同化政策や差別は、アイヌの人々の自尊心を傷つけ、自身のルーツやアイデンティティに対する閉塞感・羞恥心をもたらしたという調査結果がある（上村 2008；北海道アイヌ協会「アイヌの生活実態」）。

　これらに関連する研究が進んでいないことも、解決策を模索するうえで影響があるようにみえる。大切にしている価値観や生きていくうえで譲れないものが他者から奪われる傷ついた気持ち、どうしようもない思いが世代を超えてつづくことを、第三者が理解するのは容易ではない。アイヌのリーダーたちの国への働きかけなどにより北海道旧土人保護法が廃止されるまで、およそ100年もの間、アイヌの伝統、文化、土地、言葉、アイデンティティが奪われていく結果となった。

　1997年に「アイヌ文化の振興並びにアイヌの伝統等に関する知識の普及及び啓発に関する法律（アイヌ文化振興法）」が施行され、アイヌ文化は推進されるようになったものの、北海道の先住民としての権利や教育、土地に関する理解はなかなか進んでいない。

　2019年に、「アイヌの人々の誇りが尊重される社会を実現するための施策の推進に関する法律（アイヌ新法）」が新たに制定・施行され、第1条には「アイヌの人々が民族としての誇りを持って生活することができ、及びその誇りが尊重される社会の実現を図り、もって全ての国民が相互に人格と個性を尊重し合いながら共生する社会の実現に資することを目的とする」と掲げられた。これからアイヌの人たちが主体となるようサポートを継続し、ニーズに沿う具体的な法案や事業を含めた社会環境が整うことが期待される。

3 ソーシャルワーカーは何をするべき？

脱植民地化
ソーシャルワーク

全米ソーシャルワーカー協会が定める倫理綱領は、「ソーシャルワーカーは多文化と社会的多様性への意識を深めることが必要である」と指摘している（National Association of Social Workers 2021）。

多民族・多文化社会のハワイにおいては特に、米国本土でのソーシャルワーク実践であたりまえとされる考え方や、ソーシャルワーカー自身の持つ常識や価値観に対して常に疑問を持ち、振り返ることが求められている。クライエントである個人、家族、組織、地域コミュニティの特徴を把握し、学ぶ姿勢を持ちつづけ、クライエントにあわせて物事を考え、ソーシャルワークを実践する姿勢が強調される。こうした実践は、「脱植民地化ソーシャルワーク」と呼ばれている。

植民地化によって支配的な集団から強制的に奪われた文化や思想を取り戻そうとする考え方を**脱植民地化思考**というが、ソーシャルワーク実践においても、歴史的に支配的な集団であるマジョリティの側が、知識や解決案を強制するのではないあり方が求められる。外部者としての立場をわきまえ、相手の習慣や儀式を学び、あわせていくことも大切だ。

継続的な努力と姿勢がクライエントからの信頼を醸成し、本音を聞かせてもらう第一歩となる。クライエントとの関係性や、地域コミュニティ内でのソーシャルワーカー自身の所属意識も重要になる。関係の持続性を常に考慮し、クライエント当事者主体で「声」や「ニーズ」を探ってアクションプランをつくり、課題解決ができるよう支援をすることが求められる。

地域で実践を行う際、一方的に知識を実践に応用するのではなく、地域に住む人々との信頼関係（ラポール）をつくりあげる必要がある。そういった意識的な行為が、クライエントの「ニーズ」や「声」をより理解し、現状や課題を把握する際のヒントとなるだろう。ソーシャルワーカーは、さまざまな場面で難しい議論をする機会も多くある。その際、自分の常識や価値観のみにとらわれず、総合的に包括的に物事を理解し、対話する力も大切となる。

カルチュラル・
ヒュミリティ

これまで述べてきた他文化への謙虚さ、学ぶ姿勢を
カルチュラル・ヒュミリティ（Cultural Humility）という。
米国国立衛生研究所は「カルチュラル・ヒュミリティは、自己のルーツや文化
を学びつつ、人生をかけて内省、自己批判を行うプロセス」と定義する。

　ソーシャルワークにおいては、文化的な違いを深く理解することで、社会的
弱者とされるクライエントになり得る人々、グループ、地域に対する実践や研
究内容をより良いものにすることをめざす。文化的配慮、多文化の理解は、完
全にマスターできるものでないという観点から、ソーシャルワーク実践のため
に必要とされる「コンピテンシー」（知識や価値、効率的な手段の理解、能力、態度）
としては扱わない。「まだ世の中に知らないことがある」という認識を常に持
ちつづけることが、ソーシャルワーカーには求められる。

　知識の土台をつくるために、自身を知り、自身のルーツや文化、伝統、先代
のストーリーをも学び、セルフ・リフレクション（内省）に多くの時間を費やす。
特に自身の思い込みや根拠のない偏見について客観的に振り返り、現実を新た
な視点で見つめ直す機会を持つ。「違い」に対しての許容度を高め、他人に対
し同情するシンパシーのみならず、相手の立場に立ち意思や感情を理解し、共
感できるエンパシーも醸成すべきである。そうすることによって、全体を見渡
せる視座を持てるようになるはずだ。

4 日本の多文化共生社会にどう向きあう？

社会に提唱する活動

　日本でも、コミュニティの習慣、伝統・歴史、文化
を理解、尊重、配慮することが求められるだろう。冒
頭で述べたように、アイヌや沖縄、朝鮮半島をルーツとする人々、その他の在
日外国人など、さまざまな文化を持つ人々が日本で暮らしているからだ。

　アイヌ民族について言えば、過去に差別的な政策がとられ、弾圧も受けてき
たため、生活や社会課題の研究や文書化がそもそも不足している。そのため、
高齢者の生活課題や生活状況など、社会的側面に関する資料やデータの収集が
求められている。

　ソーシャルワーカーは、北海道以外も含めさまざまな地域にいるアイヌの

ニーズがどのようなものかを把握し、アイヌ・コミュニティのためにどのような専門的支援を提供することができるかを追究するべきだろう。その際、アイヌの文化や歴史、言語や伝統を尊重し、彼らの生活や社会における役割や課題を理解するために、調査や人権を守る活動をさらに進めていくことが求められる。

　また、クライエントの「声」や「ニーズ」が社会に届くよう働きかけるという責務もある。解決を図るために通常は「問題」ばかりに目を向けがちだが、クライエントやコミュニティにもともとある「強み」や「ギフト（生まれ持った能力）」を、課題解決の資源としてどう活用するかも大切になる。そのためにも、クライエントと関係を築き、習慣や歴史、文化の理解に努めよう。

　必要があれば、クライエントの代わりに、決定権のあるところ、政策・法律の変革が可能なところに声を出して権利擁護（⇒第3章キーワード）を行う。ソーシャルワークは、すべての人々が社会的な地位に関係なく、自由、安全、プライバシー、適切な生活水準、医療、教育などの基本的人権が守られているかを重視する。抑圧的な構造に働きかけ、人々のニーズと社会正義が実現できるように実践をする。全米ソーシャルワーカー協会の倫理綱領にも記述されているが、日本国内でもソーシャルワーカーが権利擁護を積極的に取り組むことで、ソーシャルワークの専門性の意義もさらに認識されていくのではないだろうか。

ワーク2

　クライエント・グループやコミュニティについて、以下の2点を考えてみよう。
(1)　社会的支援が必要とされるクライエント・グループやコミュニティを1つ選び、どういった「社会課題」があるかを想像し、書き出してみよう。
(2)　その選んだクライエント・グループやコミュニティの「強み」「特徴」「ギフト」にはどのようなものがあるかを書き出してみよう。

アイヌの今後と
ソーシャルワーク

2014 年から 2015 年の間に、アイヌ生活向上推進方策検討会議が、当事者でもあるアイヌの人たちや有識者を中心に、北海道庁内に立ち上げられた。生活実態調査やアイヌの人たちに対する今後の総合的な施策の検討が行われ、活動も広がりつつある。この会議で重視されているのは、アイヌの人たちが他人から支援をされるのではなく、自主的に意思決定を行い、必要な支援体制をつくり、また次世代を担うリーダーを育成することである。

　ソーシャルワークにおいても、自己決定権の尊重や社会に不自由なく参加する権利の促進を掲げており、アイヌの各コミュニティで人々がみずから活動し、これからのアイヌのためにアクションを続ける当事者が増えていることは歓迎すべきことである。

　ソーシャルワーカーは専門知識やスキルを兼ね備え、専門機関と広いネットワークを持ち、連携できる専門家でありつづける必要がある。また、当事者のサポートのみならず、クライエント・グループ、コミュニティに対するソーシャルワーカー自身の理解を高めていくことも求められる。

　加えて、コミュニティにかかわるアライ（味方・同盟、第 7 章参照）として、地域社会に理解を促すための協働、政策や法律などへの働きかけを常日頃から率先して行うことも必要だ。ソーシャルワークの専門性——クライエントやコミュニティのための継続的な努力・活動——が、日本の多文化共生や社会的結束を助け、より良い国として、社会として、多様な人々の暮らしの豊かさにつながっていくと、筆者は信じている。

ワーク 3

　4〜5 人のグループになり、【ワーク 2】で調べたクライエント・グループ、コミュニティの「社会課題」を共有しよう。そのうえでクライエント・グループ、コミュニティのメンバーに実際にインタビューをし、「ニーズ」「声」を可能な限り聞き取り、書き出してみよう。グループで事前に予想したものと比較し、その結果を確認しよう。

キーワード

マイノリティ

「少ないこと」また「少数派」という意味。社会的には、民族や人種、ジェンダーや性、障害の有無などさまざまな領域で少数派と位置づけられる人々を指す言葉。弱者の立場に属し、偏見や差別の対象にされる人やグループに使われることもある。

同化政策

支配的な集団（民族）がみずからの文化や習慣を一方的に強制し、従属的な集団（民族）の独自の伝統文化（言語、価値観、習慣、宗教など）を喪失させる政策である。明治政府が同化政策を強いた目的は、アイヌ文化を消失させ、皇国の臣民兼開拓の人手にすることで、生活手段、習慣、地名や氏名の変更などを行った。ハワイでも、同様な政策がとられ、フラも長い間伝統の伝承が禁止されていた。

脱植民地化思考

「脱植民地化」は、英語で、"decolonization"または、"decolonizing"と表す。特に帝国主義、植民地時代からの権力関係を回復する、また強制的に同化・禁止・廃失させられた伝統文化、習慣、世界観などを取り戻し、支配的な考え方を問い正す、元の状態を取り戻すことをいう。脱植民地化思考は、権力のある（あった）支配的な集団、民族から強制的に抑え込まれた思考から、地域に根づいた独自の伝統を取り戻す考え。

ブックガイド

小笠原信之『アイヌ差別問題読本──シサムになるために〔増補改訂版〕』緑風出版、2004年

アイヌの人類学的な考察から歴史や文化のことを質問形式にしてあり読みやすい内容である。和人（日本人）が蝦夷・北海道に入りだしてからのやりとりや差別問題を解説。アイヌの言葉で「シサム（良き隣人）」になるための意識を向けさせてくれる。

原沢伊都夫『多文化共生のための異文化コミュニケーション』明石書店、2014年

「自分以外はすべて異文化である」という視点から、多文化共生や異文化コミュニケーションを説明する本で、実体験を例に多く含み、個人レベルで考えて活用できるよう書かれている。

Smith, L. T. *Decolonizing methodologies: Research and indigenous peoples* (3rd edition) . Zed Books. 2021

世界中で先住民族について学習する者のバイブルとされる本である。歴史的に多くの先住民族にとって「研究」という言葉はつらいトラウマ経験であり、日本人によるアイヌの研究も同様な経験だった。文化的配慮を持ち「脱植民地化思考」に基づく研究や調査のステップが書かれている。

終章

これからの社会福祉学はどうなるの？
── 変わりゆく社会で人々が幸せに生きるために

渡辺裕一

1 「社会福祉学」入り口問題

> 高齢者の問題は
> 社会福祉の問題？

あなたは人の死に立ち会ったことがあるだろうか。筆者は、中学2年生のとき、96歳の曾祖母の死に立ち会った。一緒に暮らしてはいなかったが、曾祖母は遊びに行くといつもにこにこしながら湿気たおせんべいや飴を角型の一斗缶から出し、筆者に会うのを喜んでくれた。筆者は、曾祖母のことが小さい頃から大好きで、今でも湿気たおせんべいが好きだ。

その曾祖母の死に立ち会った。だんだんと吐く息が長くなっていったのを覚えている。みんなに見守られて眠るような最期は、まさに大往生だった。

「立ち会った」と書いたが、本当の最期は見ていないと思う。記憶にない。曾祖母が死ぬという現実を頭では理解していても、受けとめることはできなかった。怖くてしかたなかった。しかし、曾祖母の手は覚えている。最期のとき、曾祖母は「ゆういち」と筆者の名を呼び、手を握るように求めた。ゆっくりあがってきたその手は骨と皮だけで、とても「汚いもの」に見えた。だから筆者は、最期にその手を握ることができなかった。大好きだった曾祖母の最期に、顔を見ることもできず、手を握ることもできず、逃げ出した自分は、本当に情けないダメなヤツだと自分を責めた。

自分の進路を考えはじめたときに「高齢者が幸せに暮らせる社会をつくりたい」と思った。もしかしたら、「情けないダメな自分を克服したい・変えたい、

曾祖母から受けた恩を仇で返すような仕打ちをした罪を償いたい」という気持ちがあったのかもしれない。当時はそんな自分の気持ちにはっきりとは気づいていなかった。そして筆者は、大学進学後のコース選択で、「社会福祉学コース」を選んでいた。

ワーク1

このワークシートは人に見せない（提出もしない）。筆者のストーリーや本書の内容を参考にしながら、自分と向きあって、率直に、あなたの「社会福祉学の入り口」までのストーリーを書いてみよう。書きたくないことや思い出したくないことは、書かなくていい。書かない場合、このワークシートは「見た目には」空欄でもいい。無理をせずに、少し向きあってみよう。

＊このワークシートのみ、巻末ではなく章末に配置している。

|社会福祉学入り口 問題とこれからへ | 「社会福祉学科」の教員になって、多くの学生が私と同じように「社会福祉学とは何か」をあまりよく知らないまま社会福祉学科を選んでいることに気づいた。入試の面接や入学後の面談では「中学生のときにスクールソーシャルワーカーに会った」「自分の祖母が介護サービスを利用している」「私の弟がダウン症で、福祉が身近だった」などをきっかけに、社会福祉学の学びや社会福祉士の国家資格の取得をめざしたりした人が多い。高校の先生や友人から「あなたの問題意識なら社会福祉学科だね」「あなたは福祉に向いている」と言われて社会福祉学科を志望した人もいる。

　一方、本書に出会う前に、「外国人」「グローバリゼーション」「LGBTQI」「犯罪」「自然環境」「人種・民族」「人身売買」「過疎」「文化」「災害」「テクノロジー」などに関心を持つ人のなかに、「社会福祉学」をイメージした人がどのくらいいただろうか。これらに関心がある人も、先生や友人から「社会福祉学科」を勧められただろうか。

　序章にあるように、社会福祉学を〈誰もがしあわせに生きることができる社会をめざして、「生きづらさ」を理解し、それを変えるための人々による取り

組みについて探る実践の学〉とし、その「生きづらさ」を、「社会とのつながりに支障をきたした状態」だとしたらどうだろう。この説明をもとに考えれば、ここまで各章で学んできたトピックスはまさに社会福祉学だ。社会には多様な「生きづらさ」がある。すべて「社会とのつながり」がうまくいかなかったことによって生み出されたものだ。

　筆者自身学生時代は、社会福祉士の国家資格制度と社会福祉学コースのカリキュラムでしか、社会福祉学を捉えられず、上記のキーワードが社会福祉学とかかわることなど想像もしなかった。このギャップを考えるため、次節では、社会福祉学の枠組みについて考えてみよう。

2 「生きづらさ」をもとにした枠組み

枠組みの自由化

　これからの社会福祉学を考えるためには、枠組みを自由化する必要がある。「枠組みの自由化」とは、これまでの枠組みから解放され、「生きづらさ」を抱えている人々の自由な裁量に任されることを指す。「枠組みの自由化」によって、「生きづらさ」を抱えている人々を障害者福祉や高齢者福祉のような対象者を特定する枠組みに当てはめるのではなく、「生きづらさ」を抱える当事者一人ひとりの視点と存在をもとにしたゆるやかな枠をつくり、「社会福祉学の問題」を捉える。

　時代に応じて、新しい枠が加わる。社会の変化によって、常に新しい生きづらさや社会的排除のかたちが生じるからだ。

　社会の変化に影響を与えるものには、「テクノロジーの進化」「グローバリゼーション」「人口構成の変化」「感染症の拡大」「大きな災害の発生」などがある。これらによって、社会の変化、いわゆる「法律・制度、状況（状態）、慣習、人々の意識」（木下 2019：212）、また、人々の価値観や行動様式の変化が起きる。社会の変化にはさまざまな要因があり、複雑にからみあっているが、ここでは「テクノロジーの進化」にともなう社会の変化を例に考えてみよう。

Society5.0

　内閣府は、2016 年、「第 5 期科学技術基本計画」で、日本がめざすべき未来社会として **Society 5.0** という

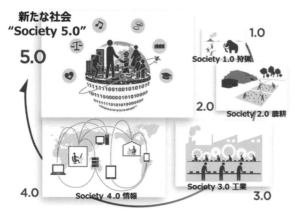

図13-1
Society 5.0に至るイメージ
（内閣府「Society 5.0」）

未来像を示した。科学技術の進歩によって、Society1.0 から 5.0 へと、社会が大きく変化してきたことが説明されている（図13-1）。

　Society 5.0 をより具体的に理解するために、はじめに、インターネット上で「Society 5.0」に関する動画を探し、閲覧してみよう。動画を観たあなたは、わが国がめざしている社会の未来の姿を目の当たりにして、何を感じるだろうか。

　そして、次の図13-2を見ると、これまで以上のテクノロジーの進化によって Society 4.0 から 5.0 になれば問題が解決すると言っているように見える。

　社会福祉学の問題に目を向けると、もちろん、テクノロジーの進化によって解決されるものもあるだろう。しかし、この社会の変化が**新しい社会福祉学**の問題を生み出すことも避けられない。「仮想空間で街を丸ごと再現」すれば、現実空間の街で起きている問題はそのまま仮想空間で再現される可能性もある。社会福祉学は仮想空間での「生きづらさ」に向きあわざるを得ない。

ワーク2

　あなたは Society 4.0 から 5.0 に向かう日本で、どのような生きづらさが現れると思うか。最近のテクノロジーの進化による社会の変化はあなた自身や身近な人たち（家族、友人、先生、同僚、近隣など）の生活にどんな影響を与えたか、そして、Society 5.0 にかかわる社会の変化は生活にどのような影響を与えるか、あなたの社会福祉学の枠組みを自由化して書き出してみよう。

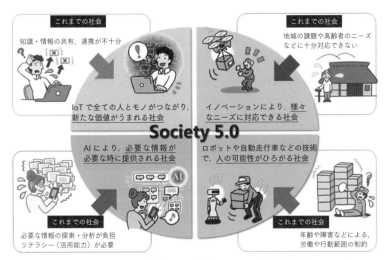

図13-2 Society 5.0で実現される社会のイメージ（内閣府「Society 5.0」）

3 社会福祉学の境界線を拡大する

他の学問領域との融合　前節では、社会の変化にともなって社会福祉学の対象も変化し、その捉え方に基づいて枠組みが加わったり消えたりすることを説明した。つまり、人や人々の生きづらさを根拠に枠が生み出されたり、消えたりする様子を表した。

　次に、新たに生み出された枠組みの変化に連動して、社会福祉学が他の学問領域とつながり、対話し、受け入れ、融合していく様子を、ここでは社会福祉学の「境界線を拡大する」と表現する。社会福祉学と関係ないと思われていた他の学問領域との関係を視野に入れ、これからの社会福祉学を考えていくことである。あらゆる学問領域とつながり、対話し、受け入れ、融合していく必要性・可能性を考えることが、これからの社会福祉学を考えるもう一つの柱である。

　社会福祉学の境界線を拡大することは、現実的には「越境」することや「学際的」であること、「連携・協働」することとあまり大きな意味の違いはないかもしれない。にもかかわらず、「融合」という言葉を使ったのは、他の学問

領域と融合することを通して、境界線の位置が変わることを説明するためだ。越境することや学際的であることよりも、また、連携・協働することよりも、融合によって社会福祉学そのもののかたちが変わり、境界線を拡大し、多様な生きづらさに向きあうことが可能になるという考え方である。

SDGs の現在と
Society 5.0 の未来

「**SDGs**（持続可能な開発目標）」を参考にしてみよう。SDGs は 2030 年を年限として、17 のゴール・169 のターゲット・232 の指標から構成され、地球上の「誰一人取り残さない（leave no one behind）」持続可能で多様性と包摂性のある社会の実現をめざしている。

　17 のゴールは、SDGs の枠組みとしてみることができる。社会福祉学が取り組む対象とすべき問題は 17 にとどまらないが、17 のゴールのなかで社会福祉学と関係ないものはない。「誰もがしあわせに生きる」ことをめざす社会福祉学にとって、「誰一人取り残さない」ことは自明である。開発による社会の変化から誰一人取り残さず、17 のゴールを達成するために社会福祉学が果たす役割は大きい。そして、社会福祉学がこの役割をはたしていくためには、17 のゴールに向かって取り組む他の学問領域とつながり、対話し、受け入れ、融合して取り組まなければならない。

　第 2 節で取り扱った Soceity 5.0 では、テクノロジーの進化によって、SDGs に掲げられている課題の解決に貢献することができるという（日本経済団体連合会 2018）。しかし、SDGs と同じく、「一人ひとりが多様な幸せ（well-being）を実現できる社会」を実現するためには、社会福祉学が積み上げてきた知見は必要不可欠である。たとえば、本当にすべての人々が Society 5.0 におけるテクノロジーを活用できるのだろうか。本書の各章で学んできたように、誰かが「取り残され」、生きづらさを抱えることは避けられないだろう。「格差」などの生きづらさのかたちが変化するだけだ。新しいかたちの「格差」によって発生する生きづらさへの対応にはこれまで社会福祉学が積み上げてきた知見が不可欠であると同時に、これからの社会福祉学が他の学問領域とつながり、対話し、受け入れ、融合することによって取り組まなければならない。

　これらを社会福祉学の側から見たときに、SDGs は「現在」、Society 5.0 は「未来」の人や人々の生きづらさへの気づきと関係している。自由化された社会福

祉学の枠組みは新たな生きづらさに気づくことで変化する。同時に、多様な学問領域と融合して境界線を拡大し、その生きづらさを変えていく方法を探究しつづける。

ワーク3

　【ワーク2】で考えた「社会の変化によって生み出された生きづらさの問題」の解決に向けて、社会福祉学が融合し、境界線を拡大していく他の学問領域には何があるだろうか。
(1) 4～5人のグループで、【ワーク2】で書いた内容を共有する。
(2) 共有した生きづらさを、ワークシートの「新しい社会福祉学の問題」の列に書き込む。次に、それらの解決に向けて、社会福祉学の境界線が拡大する際につながりを持つ他の学問領域を、グループのメンバーでインターネットを調べながら考えてみよう。また、その理由についても話しあって、「学問領域」と「理由」をワークシートの「境界線が拡大するときにつながる学問領域」の列に書き込む。

4　あらゆる生きづらさに向きあう実践の学

社会福祉学入り口
問題の解決

　序章で説明された社会福祉学の意味を、終章をもとに加筆すると、社会福祉学は、①誰もがしあわせに生きることができる社会をめざして、②人や人々と社会の間に生み出されるあらゆる「生きづらさ」を対象として理解し（枠組みの自由化）、③他の学問領域とつながり・対話し・受け入れ・融合し（境界線の拡大）、法律や制度、サービスのあり方の変化を含むミクロ・メゾ・マクロレベルの変化に向けて働きかけ、生きづらさを変える取り組みを探究する実践の学である。
　第1章から第12章まで、生きづらさや排除のある社会を理解することと、生きづらさを変えていく取り組みを探究してきた本書の構成は、まさにこの社会福祉学の捉え方に基づいたものである。これによって、社会福祉学の入り口は、多様な人や人々の生きづらさに関心を持つ多くの人々に開かれる。本章を

読んで、人々が生きづらさを抱えざるを得ない社会の状況を変えていくために
は、社会福祉学の境界線を拡大する必要があるという視点をもてたはずだ。

　社会福祉学は今までもこれからも、人や人々の生きづらさを社会とのつなが
りに支障をきたした状態と捉えて対象とする。「生きづらさ」を変化させるた
めに必要な知識や技術を多様な学問との関係に求め、融合し、社会福祉学その
ものの境界線を拡大していく。

**誰もがしあわせ
に生きる社会**　社会福祉学は、最大多数の最大幸福ではなく、すべ
ての人のしあわせをめざす学問である。さまざまな社
会の変化によって、一人もしくは少人数集団が社会との間に支障をきたした状
態が生じていれば、見て見ぬふりはできない。

　あなたは、社会のなかで生きづらさを感じたことはないだろうか。まわりに
生きづらさを抱えた人、社会的に排除された人の存在を、目の当たりにしたこ
とはないだろうか。ある特定の集団や地域、民族や国の人たちが、生きづらさ
を抱えている様子をテレビやインターネットで見たことはないだろうか。

　彼らは社会との間に支障をきたした状態で、生きづらさを抱えていた可能性
はないかという視点で見直したとき、あなたは誰もがしあわせに生きる社会を
めざす社会福祉学の入り口に立っている。

1. このワークシートは人に見せない（提出もしない）。筆者のストーリーや本書の内容を参考にしながら、自分と向きあって、率直に、あなたの「社会福祉学の入り口」までのストーリーを書いてみよう。書きたくないことや思い出したくないことは、書かなくていい。書かない場合、このワークシートは「見た目には」空欄でもいい。無理をせずに、少し向きあってみよう。

Society 5.0

　スーパーコンピューターなどによってつくられる仮想（サイバー）空間と私たちが暮らす現実空間を高度に融合させたシステムを人間中心に構築することによって、一人ひとりの多様な幸せ（well-being）を実現できるとされる社会

新しい社会福祉学

　序章で説明された社会福祉学の意味を、終章をもとに加筆すると、社会福祉学は、①誰もがしあわせに生きることができる社会をめざして、②人や人々と社会の間に生み出されるあらゆる「生きづらさ」を対象として理解し（枠組みの自由化）、③他の学問領域とつながり・対話し・受け入れ・融合し（境界線の拡大）、法律や制度、サービスのあり方の変化を含むミクロ・メゾ・マクロレベルの変化に向けて働きかけ、生きづらさを変える取り組みを探究する実践の学である。

SDGs

　SDGs は 2030 年を年限として、17 のゴール・169 のターゲット・232 の指標から構成され、地球上の「誰一人取り残さない（leave no one behind）」持続可能で多様性と包摂性のある社会の実現をめざしている。

圷洋一・金子充・室田信一『問いからはじめる社会福祉学——不安・不利・不信に挑む』有斐閣、2016 年

　社会福祉学を「福祉システム（社会的な必要を充足するために、各種の資源を提供する仕組み全般を指す抽象的な概念）の実践的な研究を主題とする学問」と位置づけて、現代社会に蔓延する「不安・不利・不信」に正面から向きあう書。

1．「社会福祉」という言葉を聞いて思い浮かべるイメージを 10 個以上書き出して
　みよう。そして、それらを分類し見出しをつけ、現時点での自分にとっての「社
　会福祉」がどのようなものなのかを考えてみよう。

①「社会福祉」という言葉を聞いて思い浮かべるイメージ：

_____

_____

②「社会福祉」のイメージについての分類見出し：

_____

③自分にとっての「社会福祉」とは：

_____

_____

_____

2．巻末資料「「監禁」と「療養」、主張対立　Ｂ市の事件あす判決」（序章　資料）を
　読んで、この事例では、社会とのつながりにどのような支障をきたしていると考
　えることができるのかについて考えてみよう。

_____

_____

_____

3．数名のグループに分かれ、まず個人で、以下の〔制度〕と〔社会福祉専門職〕から一つずつ選び、その内容を調べてみよう。そして、調べた内容について、グループで報告しあってみよう。

〔制度：生活保護制度、介護保険制度、障害者福祉制度、児童福祉制度、その他〕

〔社会福祉専門職：社会福祉士、精神保健福祉士、介護福祉士、保育士、公認心理師、
　　　　　　　　　介護支援専門員、社会福祉主事、児童福祉司、その他〕

①制度名：＿＿＿＿＿＿＿＿＿＿＿＿　社会福祉専門職：＿＿＿＿＿＿＿＿＿＿＿＿

②①について調べた内容（書ききれない場合は、資料等を別途提示しよう）

＿＿＿＿＿＿＿＿＿＿＿＿＿＿＿＿＿＿＿＿＿＿＿＿＿＿＿＿＿＿＿＿＿＿＿＿＿＿

＿＿＿＿＿＿＿＿＿＿＿＿＿＿＿＿＿＿＿＿＿＿＿＿＿＿＿＿＿＿＿＿＿＿＿＿＿＿

＿＿＿＿＿＿＿＿＿＿＿＿＿＿＿＿＿＿＿＿＿＿＿＿＿＿＿＿＿＿＿＿＿＿＿＿＿＿

＿＿＿＿＿＿＿＿＿＿＿＿＿＿＿＿＿＿＿＿＿＿＿＿＿＿＿＿＿＿＿＿＿＿＿＿＿＿

③グループで話しあった際に勉強になった、あるいは印象に残った点

＿＿＿＿＿＿＿＿＿＿＿＿＿＿＿＿＿＿＿＿＿＿＿＿＿＿＿＿＿＿＿＿＿＿＿＿＿＿

＿＿＿＿＿＿＿＿＿＿＿＿＿＿＿＿＿＿＿＿＿＿＿＿＿＿＿＿＿＿＿＿＿＿＿＿＿＿

＿＿＿＿＿＿＿＿＿＿＿＿＿＿＿＿＿＿＿＿＿＿＿＿＿＿＿＿＿＿＿＿＿＿＿＿＿＿

＿＿＿＿＿＿＿＿＿＿＿＿＿＿＿＿＿＿＿＿＿＿＿＿＿＿＿＿＿＿＿＿＿＿＿＿＿＿

＿＿＿＿＿＿＿＿＿＿＿＿＿＿＿＿＿＿＿＿＿＿＿＿＿＿＿＿＿＿＿＿＿＿＿＿＿＿

＿＿＿＿＿＿＿＿＿＿＿＿＿＿＿＿＿＿＿＿＿＿＿＿＿＿＿＿＿＿＿＿＿＿＿＿＿＿

所属：＿＿＿＿＿＿＿＿＿＿＿＿＿＿＿＿＿＿＿＿＿＿　＿＿＿＿年

番号：＿＿＿＿＿＿＿＿＿＿　名前：＿＿＿＿＿＿＿＿＿＿＿＿＿＿＿＿

1. 巻末資料「給食ない夏休み 痩せないで」（第1章　資料）を読んで、「夏休み明けに痩せる子」の背景にはどのようなことがあるか、また子どもにとって学校とはどのような場となるか、考えてみよう。

背景：_____

_____

_____

_____

子どもにとっての学校：_____

_____

_____

_____

2. 生まれた家族によって生じる不利や不平等は具体的にどのようなことがあるだろうか。本文では、子ども虐待とヤングケアラーを取り上げたが、その他の不利や不平等について考えてみよう。

_____

_____

_____

_____

_____

3．子どもの権利が保障されるためにはどんなことが必要だろうか。実現されるために、大人や私たちが今からできることは何か、4〜5人のグループになって議論してみよう。

子どもの権利保障のために必要なこと：＿＿＿＿＿＿＿＿＿＿＿＿＿＿＿＿＿＿

＿＿＿＿＿＿＿＿＿＿＿＿＿＿＿＿＿＿＿＿＿＿＿＿＿＿＿＿＿＿＿＿＿＿＿＿＿＿

＿＿＿＿＿＿＿＿＿＿＿＿＿＿＿＿＿＿＿＿＿＿＿＿＿＿＿＿＿＿＿＿＿＿＿＿＿＿

＿＿＿＿＿＿＿＿＿＿＿＿＿＿＿＿＿＿＿＿＿＿＿＿＿＿＿＿＿＿＿＿＿＿＿＿＿＿

＿＿＿＿＿＿＿＿＿＿＿＿＿＿＿＿＿＿＿＿＿＿＿＿＿＿＿＿＿＿＿＿＿＿＿＿＿＿

実現のためにできること：＿＿＿＿＿＿＿＿＿＿＿＿＿＿＿＿＿＿＿＿＿＿＿＿＿

＿＿＿＿＿＿＿＿＿＿＿＿＿＿＿＿＿＿＿＿＿＿＿＿＿＿＿＿＿＿＿＿＿＿＿＿＿＿

＿＿＿＿＿＿＿＿＿＿＿＿＿＿＿＿＿＿＿＿＿＿＿＿＿＿＿＿＿＿＿＿＿＿＿＿＿＿

＿＿＿＿＿＿＿＿＿＿＿＿＿＿＿＿＿＿＿＿＿＿＿＿＿＿＿＿＿＿＿＿＿＿＿＿＿＿

＿＿＿＿＿＿＿＿＿＿＿＿＿＿＿＿＿＿＿＿＿＿＿＿＿＿＿＿＿＿＿＿＿＿＿＿＿＿

＿＿＿＿＿＿＿＿＿＿＿＿＿＿＿＿＿＿＿＿＿＿＿＿＿＿＿＿＿＿＿＿＿＿＿＿＿＿

所属：＿＿＿＿＿＿＿＿＿＿＿＿＿＿＿＿＿＿＿＿＿＿＿＿＿＿＿　＿＿＿＿年

番号：＿＿＿＿＿＿＿＿＿＿　　名前：＿＿＿＿＿＿＿＿＿＿＿＿＿＿＿＿

1．あなた自身がどのような場所で暮らしたいか、暮らしたい場所の条件を自由に
　考えて、箇条書きにしてみよう（5個以内）。そのうえで、今暮らしている場所を踏
　まえつつ、希望の条件にあう場所を探して「○○県○○市（区町村）」など特定の場
　所を書き出してみよう。なお、これからの人生を通して1つの場所に暮らしつづ
　けたい人は1つ挙げる。人生のステージによって暮らしたい場所の条件に違いが
　ある人は、そのような説明も含めて条件を挙げ、特定の場所を複数挙げる。

暮らしたい場所の条件：

- _____

- _____

- _____

- _____

- _____

暮らしたい市町村（人生のステージによって違いがある場合は複数挙げる）：

_____　　_____

2．(1)コンパクトシティを推進すべきか否か、推進肯定と推進否定の両方の立場から、
　主張の根拠を検討しよう。

推進肯定の根拠：_____

_____

推進否定の根拠：_____

_____

(2)(1)で検討した主張の根拠について、その根拠を崩すような反論を検討しよう。

推進<u>肯定</u>の根拠への反論：＿＿＿＿＿＿＿＿＿＿＿＿＿＿＿＿＿＿＿＿＿＿＿

＿＿＿＿＿＿＿＿＿＿＿＿＿＿＿＿＿＿＿＿＿＿＿＿＿＿＿＿＿＿＿＿＿＿＿＿＿＿＿

＿＿＿＿＿＿＿＿＿＿＿＿＿＿＿＿＿＿＿＿＿＿＿＿＿＿＿＿＿＿＿＿＿＿＿＿＿＿＿

推進<u>否定</u>の根拠への反論：＿＿＿＿＿＿＿＿＿＿＿＿＿＿＿＿＿＿＿＿＿＿＿

＿＿＿＿＿＿＿＿＿＿＿＿＿＿＿＿＿＿＿＿＿＿＿＿＿＿＿＿＿＿＿＿＿＿＿＿＿＿＿

＿＿＿＿＿＿＿＿＿＿＿＿＿＿＿＿＿＿＿＿＿＿＿＿＿＿＿＿＿＿＿＿＿＿＿＿＿＿＿

3．どうすれば人々が自分の住みなれた場所や暮らしたい場所で暮らすことができる
　のか、グループで話しあって、アイデアを出しあおう。常識やこれまでの前例にと
　らわれず、「人は住みなれた場所・暮らしたい場所で暮らしつづける権利がある」
　という前提に立って、考えてみよう。

・＿＿＿＿＿＿＿＿＿＿＿＿＿＿＿＿＿＿＿＿＿＿＿＿＿＿＿＿＿＿＿＿＿＿＿＿＿＿

・＿＿＿＿＿＿＿＿＿＿＿＿＿＿＿＿＿＿＿＿＿＿＿＿＿＿＿＿＿＿＿＿＿＿＿＿＿＿

・＿＿＿＿＿＿＿＿＿＿＿＿＿＿＿＿＿＿＿＿＿＿＿＿＿＿＿＿＿＿＿＿＿＿＿＿＿＿

・＿＿＿＿＿＿＿＿＿＿＿＿＿＿＿＿＿＿＿＿＿＿＿＿＿＿＿＿＿＿＿＿＿＿＿＿＿＿

・＿＿＿＿＿＿＿＿＿＿＿＿＿＿＿＿＿＿＿＿＿＿＿＿＿＿＿＿＿＿＿＿＿＿＿＿＿＿

所属：＿＿＿＿＿＿＿＿＿＿＿＿＿＿＿＿＿＿＿＿＿＿＿＿＿＿＿＿＿　＿＿＿＿年

番号：＿＿＿＿＿＿＿＿＿＿＿　　名前：＿＿＿＿＿＿＿＿＿＿＿＿＿＿＿

1. 加齢によるもの忘れと認知症による記憶障害の違いについて具体例を1つずつ
   出してみよう。

加齢によるもの忘れ：（例）目の前の人の名前が思い出せない

・_____

認知症による記憶障害：（例）目の前の人が誰なのかわからない

・_____

2. 認知症のさまざまな症状のなかから1つ選び、具体的な場面を設定してみよう。
   もしあなたがその症状となった場合、生活していくなかで困ることはあるか？　ま
   た、その場合の解決方法（かかわり方、生活環境の工夫）について、アイデアを出して
   みよう。

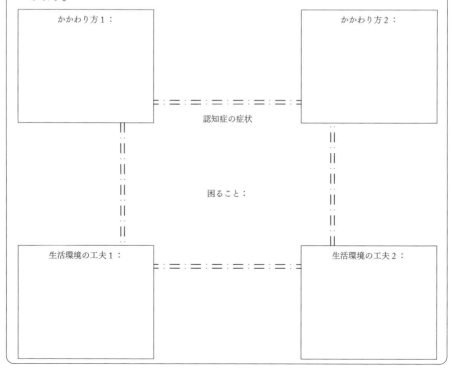

3．認知症の人も私たちも一緒に安心して暮らしていくためには、どのような地域づくりが必要か。第4節で挙げた具体例を参考に、具体的な地域を思い浮かべて、自由な発想で企画してみよう。インターネットでヒントになる情報を調べてそれを参考にしてもよい。

中心となって実行する組織やグループ：＿＿＿＿＿＿＿＿＿＿＿＿＿＿＿＿＿

＿＿＿＿＿＿＿＿＿＿＿＿＿＿＿＿＿＿＿＿＿＿＿＿＿＿＿＿＿＿＿＿＿＿＿＿＿

内容（イベント・制度・事業など）：＿＿＿＿＿＿＿＿＿＿＿＿＿＿＿＿＿＿＿

＿＿＿＿＿＿＿＿＿＿＿＿＿＿＿＿＿＿＿＿＿＿＿＿＿＿＿＿＿＿＿＿＿＿＿＿＿

＿＿＿＿＿＿＿＿＿＿＿＿＿＿＿＿＿＿＿＿＿＿＿＿＿＿＿＿＿＿＿＿＿＿＿＿＿

＿＿＿＿＿＿＿＿＿＿＿＿＿＿＿＿＿＿＿＿＿＿＿＿＿＿＿＿＿＿＿＿＿＿＿＿＿

予算：（金額）＿＿＿＿＿＿＿＿＿＿＿＿＿＿＿＿＿＿＿＿＿＿＿＿＿＿＿＿＿

（支払う団体）＿＿＿＿＿＿＿＿＿＿＿＿＿＿＿＿＿＿＿＿＿＿＿＿＿＿＿＿＿

その他：＿＿＿＿＿＿＿＿＿＿＿＿＿＿＿＿＿＿＿＿＿＿＿＿＿＿＿＿＿＿＿＿＿

＿＿＿＿＿＿＿＿＿＿＿＿＿＿＿＿＿＿＿＿＿＿＿＿＿＿＿＿＿＿＿＿＿＿＿＿＿

＿＿＿＿＿＿＿＿＿＿＿＿＿＿＿＿＿＿＿＿＿＿＿＿＿＿＿＿＿＿＿＿＿＿＿＿＿

＿＿＿＿＿＿＿＿＿＿＿＿＿＿＿＿＿＿＿＿＿＿＿＿＿＿＿＿＿＿＿＿＿＿＿＿＿

所属：＿＿＿＿＿＿＿＿＿＿＿＿＿＿＿＿＿＿＿＿＿＿＿　＿＿＿＿年

番号：＿＿＿＿＿＿＿＿＿＿　　名前：＿＿＿＿＿＿＿＿＿＿＿＿＿＿

1.「人身取引」「日本」の語をインターネットで検索して、日本の具体的な「人身取引・売買」の例を調べてみよう。そして、被害者、加害者、行われる場所、出来事、などを書き出そう。

被害者：＿＿＿＿＿＿＿＿＿＿＿＿＿＿＿＿＿＿＿＿＿＿＿＿＿＿＿＿＿＿

加害者：＿＿＿＿＿＿＿＿＿＿＿＿＿＿＿＿＿＿＿＿＿＿＿＿＿＿＿＿＿＿

行われる場所：＿＿＿＿＿＿＿＿＿＿＿＿＿＿＿＿＿＿＿＿＿＿＿＿＿＿

出来事：＿＿＿＿＿＿＿＿＿＿＿＿＿＿＿＿＿＿＿＿＿＿＿＿＿＿＿＿＿＿
＿＿＿＿＿＿＿＿＿＿＿＿＿＿＿＿＿＿＿＿＿＿＿＿＿＿＿＿＿＿＿＿＿＿

2．巻末資料「技能実習生 産めぬ苦しみ　過去3年間、産後復帰わずか1.7%　法制度は"建前" 改善必要」（第4章　資料）を読み、①問題を生み出す要因となっていた日本社会の構造的問題は何か、②その構造を許容している社会の認識や慣習とは何か、について考えをまとめよう。

①＿＿＿＿＿＿＿＿＿＿＿＿＿＿＿＿＿＿＿＿＿＿＿＿＿＿＿＿＿＿＿＿
＿＿＿＿＿＿＿＿＿＿＿＿＿＿＿＿＿＿＿＿＿＿＿＿＿＿＿＿＿＿＿＿＿＿
＿＿＿＿＿＿＿＿＿＿＿＿＿＿＿＿＿＿＿＿＿＿＿＿＿＿＿＿＿＿＿＿＿＿
＿＿＿＿＿＿＿＿＿＿＿＿＿＿＿＿＿＿＿＿＿＿＿＿＿＿＿＿＿＿＿＿＿＿
＿＿＿＿＿＿＿＿＿＿＿＿＿＿＿＿＿＿＿＿＿＿＿＿＿＿＿＿＿＿＿＿＿＿
＿＿＿＿＿＿＿＿＿＿＿＿＿＿＿＿＿＿＿＿＿＿＿＿＿＿＿＿＿＿＿＿＿＿

②_____

_____

_____

_____

_____

_____

3．外国人技能実習生の問題の場合、社会をどのように変えていくことが、この問題
の解決につながり得るか、話しあって案を出してみよう。

_____

_____

_____

_____

_____

_____

_____

_____

_____

所属：_____ _____年

番号：_____ 名前：_____

1．これまで実施されてきた「ホームレスの実態に関する全国調査」結果をもとに、変わってきた実態と変わっていない実態をそれぞれ1つずつ挙げて、その理由を考えよう。全国調査の結果は厚生労働省のホームページに掲載されている（例：厚生労働省 2022a；2022b）。

変わってきた実態：_____

理由：_____

_____

_____

変わっていない実態：_____

理由：_____

_____

_____

2．ホームレス状態の人々が福祉サービスなどの利用を希望しない場合、どのような取り組みが必要か考えてみよう。その際、ホームレス状態の人々への働きかけだけでなく、サービスを提供する側の取り組みのあり方についても注目すること。

_____

_____

_____

_____

3.4節では、「路上」に至るホームレス状態以外にも、居住が不安定な状況に置かれている人たちの実例として、「ネットカフェ難民」「車上生活者」「家庭内暴力により家を失った女性と子ども」に言及した。このうち、どれか1つをグループで選んで実態を調べ、異なるかたちのホームレス状態に関連する生活問題や、社会保障・社会福祉による取り組みの現状と課題を考えてみよう。

選んだホームレス状態の例：＿＿＿＿＿＿＿＿＿＿＿＿＿＿＿＿＿＿＿＿＿＿＿＿

生活問題：＿＿＿＿＿＿＿＿＿＿＿＿＿＿＿＿＿＿＿＿＿＿＿＿＿＿＿＿＿＿＿＿

＿＿＿＿＿＿＿＿＿＿＿＿＿＿＿＿＿＿＿＿＿＿＿＿＿＿＿＿＿＿＿＿＿＿＿＿＿＿

＿＿＿＿＿＿＿＿＿＿＿＿＿＿＿＿＿＿＿＿＿＿＿＿＿＿＿＿＿＿＿＿＿＿＿＿＿＿

＿＿＿＿＿＿＿＿＿＿＿＿＿＿＿＿＿＿＿＿＿＿＿＿＿＿＿＿＿＿＿＿＿＿＿＿＿＿

取り組みの現状と課題：＿＿＿＿＿＿＿＿＿＿＿＿＿＿＿＿＿＿＿＿＿＿＿＿＿＿

＿＿＿＿＿＿＿＿＿＿＿＿＿＿＿＿＿＿＿＿＿＿＿＿＿＿＿＿＿＿＿＿＿＿＿＿＿＿

＿＿＿＿＿＿＿＿＿＿＿＿＿＿＿＿＿＿＿＿＿＿＿＿＿＿＿＿＿＿＿＿＿＿＿＿＿＿

＿＿＿＿＿＿＿＿＿＿＿＿＿＿＿＿＿＿＿＿＿＿＿＿＿＿＿＿＿＿＿＿＿＿＿＿＿＿

＿＿＿＿＿＿＿＿＿＿＿＿＿＿＿＿＿＿＿＿＿＿＿＿＿＿＿＿＿＿＿＿＿＿＿＿＿＿

＿＿＿＿＿＿＿＿＿＿＿＿＿＿＿＿＿＿＿＿＿＿＿＿＿＿＿＿＿＿＿＿＿＿＿＿＿＿

＿＿＿＿＿＿＿＿＿＿＿＿＿＿＿＿＿＿＿＿＿＿＿＿＿＿＿＿＿＿＿＿＿＿＿＿＿＿

所属：＿＿＿＿＿＿＿＿＿＿＿＿＿＿＿＿＿＿＿＿＿＿＿＿＿　＿＿＿＿年

番号：＿＿＿＿＿＿＿＿＿＿　名前：＿＿＿＿＿＿＿＿＿＿＿＿＿

1. 障害者が差別や偏見の対象となった事件や、身近で起きた出来事を調べてみよう。
   また、なぜ「障害」が差別や偏見の対象となるのか考えてみよう。

事件や身近な出来事：＿＿＿＿＿＿＿＿＿＿＿＿＿＿＿＿＿＿＿＿＿＿＿＿＿＿

＿＿＿＿＿＿＿＿＿＿＿＿＿＿＿＿＿＿＿＿＿＿＿＿＿＿＿＿＿＿＿＿＿＿＿＿＿＿

＿＿＿＿＿＿＿＿＿＿＿＿＿＿＿＿＿＿＿＿＿＿＿＿＿＿＿＿＿＿＿＿＿＿＿＿＿＿

差別や偏見の対象となる理由：＿＿＿＿＿＿＿＿＿＿＿＿＿＿＿＿＿＿＿＿＿＿

＿＿＿＿＿＿＿＿＿＿＿＿＿＿＿＿＿＿＿＿＿＿＿＿＿＿＿＿＿＿＿＿＿＿＿＿＿＿

＿＿＿＿＿＿＿＿＿＿＿＿＿＿＿＿＿＿＿＿＿＿＿＿＿＿＿＿＿＿＿＿＿＿＿＿＿＿

2. 【ワーク1】で調べた差別や偏見によって、障害者はどのような「生きづらさ」
   を抱えているだろうか。その生きづらさを解消するために、どのような取り組み
   が行われているだろうか。内閣府のホームページにある「合理的配慮等具体例デー
   タ集　合理的配慮サーチ」などを活用して、整理してみよう。

どのような「生きづらさ」を抱えているか：＿＿＿＿＿＿＿＿＿＿＿＿＿＿＿＿

＿＿＿＿＿＿＿＿＿＿＿＿＿＿＿＿＿＿＿＿＿＿＿＿＿＿＿＿＿＿＿＿＿＿＿＿＿＿

＿＿＿＿＿＿＿＿＿＿＿＿＿＿＿＿＿＿＿＿＿＿＿＿＿＿＿＿＿＿＿＿＿＿＿＿＿＿

どのような取り組みが行われているか：＿＿＿＿＿＿＿＿＿＿＿＿＿＿＿＿＿＿

＿＿＿＿＿＿＿＿＿＿＿＿＿＿＿＿＿＿＿＿＿＿＿＿＿＿＿＿＿＿＿＿＿＿＿＿＿＿

＿＿＿＿＿＿＿＿＿＿＿＿＿＿＿＿＿＿＿＿＿＿＿＿＿＿＿＿＿＿＿＿＿＿＿＿＿＿

3．社会のなかであたりまえに経験される出来事についてできるだけ多く挙げてみよう。またその出来事を障害者が経験するには、どのような条件が必要か、グループで話しあってみよう。

社会のなかであたりまえに経験される出来事：＿＿＿＿＿＿＿＿＿＿＿＿＿＿＿＿＿＿

①＿＿＿＿＿＿＿＿＿＿＿＿＿＿＿＿＿＿＿＿＿＿＿＿＿＿＿＿＿＿＿＿＿＿＿＿＿＿＿

②＿＿＿＿＿＿＿＿＿＿＿＿＿＿＿＿＿＿＿＿＿＿＿＿＿＿＿＿＿＿＿＿＿＿＿＿＿＿＿

③＿＿＿＿＿＿＿＿＿＿＿＿＿＿＿＿＿＿＿＿＿＿＿＿＿＿＿＿＿＿＿＿＿＿＿＿＿＿＿

④＿＿＿＿＿＿＿＿＿＿＿＿＿＿＿＿＿＿＿＿＿＿＿＿＿＿＿＿＿＿＿＿＿＿＿＿＿＿＿

必要な条件や準備：＿＿＿＿＿＿＿＿＿＿＿＿＿＿＿＿＿＿＿＿＿＿＿＿＿＿＿＿＿＿

①＿＿＿＿＿＿＿＿＿＿＿＿＿＿＿＿＿＿＿＿＿＿＿＿＿＿＿＿＿＿＿＿＿＿＿＿＿＿＿

＿＿

②＿＿＿＿＿＿＿＿＿＿＿＿＿＿＿＿＿＿＿＿＿＿＿＿＿＿＿＿＿＿＿＿＿＿＿＿＿＿＿

＿＿

③＿＿＿＿＿＿＿＿＿＿＿＿＿＿＿＿＿＿＿＿＿＿＿＿＿＿＿＿＿＿＿＿＿＿＿＿＿＿＿

＿＿

④＿＿＿＿＿＿＿＿＿＿＿＿＿＿＿＿＿＿＿＿＿＿＿＿＿＿＿＿＿＿＿＿＿＿＿＿＿＿＿

＿＿

所属：＿＿＿＿＿＿＿＿＿＿＿＿＿＿＿＿＿＿＿＿＿＿＿＿　＿＿＿＿＿年

番号：＿＿＿＿＿＿＿＿＿＿＿　　名前：＿＿＿＿＿＿＿＿＿＿＿＿＿＿＿

1．性的マイノリティの日常生活にはどのような困難があるのだろうか。どのような場面でどのような困難を抱えているのかについてできるだけ具体的に調べてみよう。

学校：＿＿＿＿＿＿＿＿＿＿＿＿＿＿＿＿＿＿＿＿＿＿＿＿＿＿＿＿＿＿

＿＿＿＿＿＿＿＿＿＿＿＿＿＿＿＿＿＿＿＿＿＿＿＿＿＿＿＿＿＿＿＿＿

就労の場：＿＿＿＿＿＿＿＿＿＿＿＿＿＿＿＿＿＿＿＿＿＿＿＿＿＿＿＿

＿＿＿＿＿＿＿＿＿＿＿＿＿＿＿＿＿＿＿＿＿＿＿＿＿＿＿＿＿＿＿＿＿

その他の場面：＿＿＿＿＿＿＿＿＿＿＿＿＿＿＿＿＿＿＿＿＿＿＿＿＿＿

＿＿＿＿＿＿＿＿＿＿＿＿＿＿＿＿＿＿＿＿＿＿＿＿＿＿＿＿＿＿＿＿＿

＿＿＿＿＿＿＿＿＿＿＿＿＿＿＿＿＿＿＿＿＿＿＿＿＿＿＿＿＿＿＿＿＿

2．性的マイノリティを抑圧する制度を婚姻制度以外に1つ挙げ、どの部分が抑圧的であるかについて考えてみよう。性的マイノリティが社会から排除される背景について考えてみよう。

性的マイノリティを抑圧する制度：＿＿＿＿＿＿＿＿＿＿＿＿＿＿＿＿＿

抑圧的な部分：＿＿＿＿＿＿＿＿＿＿＿＿＿＿＿＿＿＿＿＿＿＿＿＿＿＿

＿＿＿＿＿＿＿＿＿＿＿＿＿＿＿＿＿＿＿＿＿＿＿＿＿＿＿＿＿＿＿＿＿

＿＿＿＿＿＿＿＿＿＿＿＿＿＿＿＿＿＿＿＿＿＿＿＿＿＿＿＿＿＿＿＿＿

＿＿＿＿＿＿＿＿＿＿＿＿＿＿＿＿＿＿＿＿＿＿＿＿＿＿＿＿＿＿＿＿＿

排除される背景：＿＿＿＿＿＿＿＿＿＿＿＿＿＿＿＿＿＿＿＿＿＿＿＿＿＿＿＿

＿＿＿＿＿＿＿＿＿＿＿＿＿＿＿＿＿＿＿＿＿＿＿＿＿＿＿＿＿＿＿＿＿＿＿＿

＿＿＿＿＿＿＿＿＿＿＿＿＿＿＿＿＿＿＿＿＿＿＿＿＿＿＿＿＿＿＿＿＿＿＿＿

＿＿＿＿＿＿＿＿＿＿＿＿＿＿＿＿＿＿＿＿＿＿＿＿＿＿＿＿＿＿＿＿＿＿＿＿

3．性的マイノリティにとって生きやすい社会にしていくために、一般市民（学生も含む）の立場でできることをグループになって考えてみよう。また、その取り組みを考える際に留意すべきことについても書いてみよう。

できること：＿＿＿＿＿＿＿＿＿＿＿＿＿＿＿＿＿＿＿＿＿＿＿＿＿＿＿＿＿

＿＿＿＿＿＿＿＿＿＿＿＿＿＿＿＿＿＿＿＿＿＿＿＿＿＿＿＿＿＿＿＿＿＿＿＿

＿＿＿＿＿＿＿＿＿＿＿＿＿＿＿＿＿＿＿＿＿＿＿＿＿＿＿＿＿＿＿＿＿＿＿＿

＿＿＿＿＿＿＿＿＿＿＿＿＿＿＿＿＿＿＿＿＿＿＿＿＿＿＿＿＿＿＿＿＿＿＿＿

＿＿＿＿＿＿＿＿＿＿＿＿＿＿＿＿＿＿＿＿＿＿＿＿＿＿＿＿＿＿＿＿＿＿＿＿

留意すべきこと：＿＿＿＿＿＿＿＿＿＿＿＿＿＿＿＿＿＿＿＿＿＿＿＿＿＿＿

＿＿＿＿＿＿＿＿＿＿＿＿＿＿＿＿＿＿＿＿＿＿＿＿＿＿＿＿＿＿＿＿＿＿＿＿

＿＿＿＿＿＿＿＿＿＿＿＿＿＿＿＿＿＿＿＿＿＿＿＿＿＿＿＿＿＿＿＿＿＿＿＿

＿＿＿＿＿＿＿＿＿＿＿＿＿＿＿＿＿＿＿＿＿＿＿＿＿＿＿＿＿＿＿＿＿＿＿＿

＿＿＿＿＿＿＿＿＿＿＿＿＿＿＿＿＿＿＿＿＿＿＿＿＿＿＿＿＿＿＿＿＿＿＿＿

所属：＿＿＿＿＿＿＿＿＿＿＿＿＿＿＿＿＿＿＿＿＿＿＿＿　＿＿＿＿＿年

番号：＿＿＿＿＿＿＿＿＿＿＿　　名前：＿＿＿＿＿＿＿＿＿＿＿＿＿＿＿

1.「家族」という言葉を検索した際に表示される「画像」「イラスト」をインターネットで調べてみよう。その結果から気づいた特徴をまとめよう。

_____

_____

_____

2. 自分が社会的養護のもとで生活することになったとしたら、なくてはならない条件や環境は何か挙げてみよう。それが現行の社会的養護制度で保障されているか調べ、その背景を考えてみよう。

必要な条件や環境：_____

_____

_____

_____

社会的養護制度で保障されているか：_____

_____

_____

_____

_____

_____

_____

3．進学や就職などを機に、自分自身で生活を始める場面を浮かべてみよう。その場面ではどのようなものが必要だろうか。たとえば、学費や家賃の確保、賃貸契約をする際の保証人などがあるだろう。書き出してみたものを用意するために、誰の力を借りられるか整理してみよう。そのうえで、必要な支援や制度について気づくことを話しあってみよう。

〈必要なもの・準備〉　　　　　　　　〈助けを借りられる人〉

_____　　_____

_____　　_____

_____　　_____

_____　　_____

_____　　_____

気づいたこと：_____

_____

_____

_____

_____

_____

_____

所属：_____　_____年

番号：_____　名前：_____

1. 刑務所から出所する人を「支援する」ことについて、あなたはどのように考えるだろうか。現在のあなた自身の考えを整理してみよう。

①思いついたワードをすべて書き出す

_____　_____

_____　_____

②そのように考える理由を人に説明することを想定して文章にする：

_____

_____

2. 「モラルパニック」は私たちの社会にどのような影響を及ぼすことが想定されるかについて、良い影響、悪い影響の両面から考え、それぞれについて書いてみよう。また、犯罪のケース以外にどのような場面でモラルパニックは生じるのかについても考えてみよう。

良い影響：_____

_____

悪い影響：_____

_____

モラルパニックが生じる他の場面：_____

_____

3．「刑務所出所者に支援は必要ない」という考え方が主流である現在の日本社会で、支援の必要性を理解してもらうためには、どのような方法をとればよいか？ 「社会を変える」という観点から考え、4〜5人のグループで議論してみよう。

①問題意識（応報刑主義と教育刑主義の特徴に触れながら、問題点を整理する）

_____

_____

_____

②ターゲット（社会を変えるのに重要だと思う人や機関を出しあい、その理由を話しあう）

_____

_____

③メディアの利用や講演など、②で挙げた相手にふさわしい方法を具体的に考える

_____

_____

④どのような変化が起こるか（アクションによってどんな変化が起こるかを予想する）

_____

_____

所属：_____ _____年

番号：_____ 名前：_____

1. Web サイトを活用し、過去に起きた大きな災害の情報を調べよう。いつ、どこでどのような自然現象が発生し、被災地がどのような状況になったか。被害状況についての具体的なデータ、また、災害について画像や動画を検索し、リアルな被災地の状況を調べてみよう。

いつ：＿＿＿＿＿＿＿＿＿＿＿　　どこで：＿＿＿＿＿＿＿＿＿＿＿

自然現象の種類：＿＿＿＿＿＿＿＿＿＿＿＿＿＿＿＿＿＿＿＿＿＿

被災地の状況：＿＿＿＿＿＿＿＿＿＿＿＿＿＿＿＿＿＿＿＿＿＿

＿＿＿＿＿＿＿＿＿＿＿＿＿＿＿＿＿＿＿＿＿＿＿＿＿＿＿＿＿

＿＿＿＿＿＿＿＿＿＿＿＿＿＿＿＿＿＿＿＿＿＿＿＿＿＿＿＿＿

2.【ワーク1】で調べた災害の被害状況から、被災地のどのような人が、どんなニーズを抱えていたのかを考え、箇条書きにしてみよう。6つの側面を関連づけながら思いつくものをできるだけ多く書き出してみよう。

・＿＿＿＿＿＿＿＿＿＿＿＿＿＿＿＿＿＿＿＿＿＿＿＿＿＿＿＿＿

＿＿＿＿＿＿＿＿＿＿＿＿＿＿＿＿＿＿＿＿＿＿＿＿＿＿＿＿＿

・＿＿＿＿＿＿＿＿＿＿＿＿＿＿＿＿＿＿＿＿＿＿＿＿＿＿＿＿＿

＿＿＿＿＿＿＿＿＿＿＿＿＿＿＿＿＿＿＿＿＿＿＿＿＿＿＿＿＿

・＿＿＿＿＿＿＿＿＿＿＿＿＿＿＿＿＿＿＿＿＿＿＿＿＿＿＿＿＿

＿＿＿＿＿＿＿＿＿＿＿＿＿＿＿＿＿＿＿＿＿＿＿＿＿＿＿＿＿

- _____
  _____
- _____
  _____
- _____
  _____

3. 避難行動要支援者とはどのような人なのかを考えてみよう。あなた自身の地域（市町村）では、避難に支援を要する人たちに対し、どのような備えをしているかを調べ、グループで共有してみよう。

避難行動要支援者とは：_____

_____

備えの内容：_____

_____

_____

_____

_____

_____

所属：_____　_____年

番号：_____　名前：_____

1．自分が国外に避難しなければならないと仮定し、保護を求める国、その国を選
　ぶ理由、避難先の国に期待することを、難民の立場から考えてみよう。

保護を求める国：＿＿＿＿＿＿＿＿＿＿＿＿＿＿　　理由：＿＿＿＿＿＿＿＿＿＿＿＿＿

＿＿＿

避難先の国に期待すること：＿＿＿＿＿＿＿＿＿＿＿＿＿＿＿＿＿＿＿＿＿＿＿＿＿＿

＿＿＿

＿＿＿

2．世界で起きている難民問題を理解しよう。国連のデータベースを活用し、特定
　の国や地域を選び、強制移住を強いられている理由や背景、難民キャンプや避難
　先での生活を調べてみよう。

選んだ国や地域（難民の出身地を選ぶ）：＿＿＿＿＿＿＿＿＿＿＿＿＿＿＿＿＿＿＿＿

強制移住を強いられている理由や背景：＿＿＿＿＿＿＿＿＿＿＿＿＿＿＿＿＿＿＿

＿＿＿

＿＿＿

難民キャンプや避難先での生活：＿＿＿＿＿＿＿＿＿＿＿＿＿＿＿＿＿＿＿＿＿＿＿

＿＿＿

＿＿＿

3．難民とともに生きる社会を実現するために社会の多様な主体がすべきことを考える。政府、地方自治体、民間企業・団体、NGO、個人など、多様な主体（アクター）を想定し、グループメンバーで役割を決めてそれぞれがすべきことを考えてみよう。

政府がすべきこと：＿＿＿＿＿＿＿＿＿＿＿＿＿＿＿＿＿＿＿＿＿＿＿＿＿

＿＿＿＿＿＿＿＿＿＿＿＿＿＿＿＿＿＿＿＿＿＿＿＿＿＿＿＿＿＿＿＿＿＿＿

地方自治体がすべきこと：＿＿＿＿＿＿＿＿＿＿＿＿＿＿＿＿＿＿＿＿＿＿

＿＿＿＿＿＿＿＿＿＿＿＿＿＿＿＿＿＿＿＿＿＿＿＿＿＿＿＿＿＿＿＿＿＿＿

民間企業・団体がすべきこと：＿＿＿＿＿＿＿＿＿＿＿＿＿＿＿＿＿＿＿＿

＿＿＿＿＿＿＿＿＿＿＿＿＿＿＿＿＿＿＿＿＿＿＿＿＿＿＿＿＿＿＿＿＿＿＿

NGO がすべきこと：＿＿＿＿＿＿＿＿＿＿＿＿＿＿＿＿＿＿＿＿＿＿＿＿＿

＿＿＿＿＿＿＿＿＿＿＿＿＿＿＿＿＿＿＿＿＿＿＿＿＿＿＿＿＿＿＿＿＿＿＿

個人がすべきこと：＿＿＿＿＿＿＿＿＿＿＿＿＿＿＿＿＿＿＿＿＿＿＿＿＿＿

＿＿＿＿＿＿＿＿＿＿＿＿＿＿＿＿＿＿＿＿＿＿＿＿＿＿＿＿＿＿＿＿＿＿＿

その他の主体とその主体がすべきこと：＿＿＿＿＿＿＿＿＿＿＿＿＿＿＿＿

＿＿＿＿＿＿＿＿＿＿＿＿＿＿＿＿＿＿＿＿＿＿＿＿＿＿＿＿＿＿＿＿＿＿＿

＿＿＿＿＿＿＿＿＿＿＿＿＿＿＿＿＿＿＿＿＿＿＿＿＿＿＿＿＿＿＿＿＿＿＿

所属：＿＿＿＿＿＿＿＿＿＿＿＿＿＿＿＿＿＿＿＿＿　＿＿＿＿年

番号：＿＿＿＿＿＿＿＿＿　名前：＿＿＿＿＿＿＿＿＿＿＿＿

1．日本での多様性・多文化について、以下の2点を考え、まとめてみよう。

(1) 「多様性」「多文化」と聞いて思い浮かぶ、日本在住の人々の歴史や現状はどのようなものだろうか。

思い浮かぶ人々： _____

歴史と現状： _____

_____

_____

(2) その人々には、どのようなニーズや課題があるか。

_____

_____

_____

2．クライエント・グループやコミュニティについて、以下の2点を考えてみよう。

(1) 社会的支援が必要とされるクライエント・グループやコミュニティを1つ選び、どういった「社会課題」があるかを想像し、書き出してみよう。

選んだグループやコミュニティ： _____

社会課題の内容： _____

_____

_____

(2) その選んだクライエント・グループやコミュニティの「強み」「特徴」「ギフト」
　　にはどのようなものがあるかを書き出してみよう。

強み：＿＿＿＿＿＿＿＿＿＿＿＿＿＿＿＿＿＿＿＿＿＿＿＿＿＿＿＿＿＿＿＿＿

特徴：＿＿＿＿＿＿＿＿＿＿＿＿＿＿＿＿＿＿＿＿＿＿＿＿＿＿＿＿＿＿＿＿＿

ギフト：＿＿＿＿＿＿＿＿＿＿＿＿＿＿＿＿＿＿＿＿＿＿＿＿＿＿＿＿＿＿＿＿

3．4～5人のグループになり、【ワーク2】で調べたクライエント・グループ、コ
　ミュニティの「社会課題」を共有しよう。そのうえでクライエント・グループ、コ
　ミュニティのメンバーに実際にインタビューをし、「ニーズ」「声」を可能な限り聞
　き取り、書き出してみよう。グループで事前に予想したものと比較し、その結果を
　確認しよう。

インタビューでわかったニーズや声：＿＿＿＿＿＿＿＿＿＿＿＿＿＿＿＿＿＿＿

＿＿＿＿＿＿＿＿＿＿＿＿＿＿＿＿＿＿＿＿＿＿＿＿＿＿＿＿＿＿＿＿＿＿＿＿

＿＿＿＿＿＿＿＿＿＿＿＿＿＿＿＿＿＿＿＿＿＿＿＿＿＿＿＿＿＿＿＿＿＿＿＿

＿＿＿＿＿＿＿＿＿＿＿＿＿＿＿＿＿＿＿＿＿＿＿＿＿＿＿＿＿＿＿＿＿＿＿＿

比較した結果：＿＿＿＿＿＿＿＿＿＿＿＿＿＿＿＿＿＿＿＿＿＿＿＿＿＿＿＿＿

＿＿＿＿＿＿＿＿＿＿＿＿＿＿＿＿＿＿＿＿＿＿＿＿＿＿＿＿＿＿＿＿＿＿＿＿

＿＿＿＿＿＿＿＿＿＿＿＿＿＿＿＿＿＿＿＿＿＿＿＿＿＿＿＿＿＿＿＿＿＿＿＿

＿＿＿＿＿＿＿＿＿＿＿＿＿＿＿＿＿＿＿＿＿＿＿＿＿＿＿＿＿＿＿＿＿＿＿＿

所属：＿＿＿＿＿＿＿＿＿＿＿＿＿＿＿＿＿＿＿＿＿＿＿＿＿＿＿＿＿年

番号：＿＿＿＿＿＿＿＿＿＿＿＿＿　名前：＿＿＿＿＿＿＿＿＿＿＿＿＿＿

2．あなたは Society 4.0 から 5.0 に向かう日本で、どのような生きづらさが現れると思うか。最近のテクノロジーの進化による社会の変化はあなた自身や身近な人たち（家族、友人、先生、同僚、近隣など）の生活にどんな影響を与えたか、そして、Society 5.0 にかかわる社会の変化は生活にどのような影響を与えるか、あなたの社会福祉学の枠組みを自由化して書き出してみよう。

①自分の生活は Society 5.0 になるとどのように変化するか

_____

_____

②本書の各章を読んで、もっとも関心を持った章の当事者の問題は Society5.0 になるとどのように変化するか

もっとも関心を持った章：_____

当事者：_____

どのように変化するか：_____

_____

_____

③テクノロジーの進化による社会の変化はどのような生きづらさを生み出すか

_____

_____

3.【ワーク2】で考えた「社会の変化によって生み出された生きづらさの問題」の解決に向けて、社会福祉学が融合し、境界線を拡大していく他の学問領域には何があるだろうか。

(1)4～5人のグループで、【ワーク2】で書いた内容を共有する。

(2)共有した生きづらさを、ワークシートの「新しい社会福祉学の問題」の列に書き込む。次に、それらの解決に向けて、社会福祉学の境界線が拡大する際につながりを持つ他の学問領域を、グループのメンバーでインターネットを調べながら考えてみよう。また、その理由についても話しあって、「学問領域」と「理由」をワークシートの「境界線が拡大するときにつながる学問領域」の列に書き込む。

新しい社会福祉学の問題	境界線が拡大するときにつながる学問領域

所属：＿＿＿＿＿＿＿＿＿＿＿＿＿＿＿＿＿＿＿＿＿＿＿ ＿＿＿＿＿年

番号：＿＿＿＿＿＿＿＿＿＿＿ 名前：＿＿＿＿＿＿＿＿＿＿＿＿＿＿＿＿

巻末資料

　A県B市で2017年、住宅内のプレハブの小部屋に長女（当時33）を両親が監禁して凍死させたとされる事件の裁判員裁判で、一家の長年にわたる暮らしぶりが明らかになった。……

　「長女が誕生日のケーキを食べているシーンです」

　2月25日、A地裁の〇号法廷。亡くなった長女の父親、C被告（57）＝監禁と保護責任者遺棄致死罪で起訴＝は、弁護側の被告人質問で示されたホームビデオの映像をそう説明した。

　「長女を約10年間プレハブの小部屋に監禁した末に凍死させた」とする検察側に対し、弁護側は、C被告と母親のD被告（55）は17歳で統合失調症と診断された長女を悪戦苦闘しながらも愛情を持って育ててきたと反論。両被告側は、狭い場所での生活を望む長女が暴れたり自らを傷つけたりしないよう療養目的で小部屋をつくったなどとして無罪を主張した。

　一方、検察側は小部屋をとらえた複数の画像や動画などから、07年3月ごろから始まったとする「監禁生活」を立証。両被告は長女に幼少期から愛情を抱けず、小部屋での食事は1日1回で、衣服も着せなかったなどと指摘。長女を病院にも連れて行かずに17年12月に凍死させたとして、両被告に懲役13年を求刑している。

（米田優人「「監禁」と「療養」、主張対立　B市の事件あす判決」『朝日新聞』2020年3月11日大阪朝刊より抜粋）

161

フードバンクが子どもに食料品

　東京や静岡、京都など各地のフードバンク*が近年、長期休み中の子どもたちに無償で食料品を届ける取り組みを始めている。給食がない夏休みが明けると、痩せて学校に戻る子どもが少なからずいるからだ。「栄養格差を縮めるうえで意義がある」と識者らは言う。

　小学4年の娘がいる東京都狛江市に住む30代女性は昨年の夏休み、フードバンク狛江（FBK）から食料支援を受けた。米やみそ、乾麺など、1人あたり3キロの食品が段ボール箱で届く。「お米があると、おかずにお金を回せ、バリエーションを増やせた。本当に助かった」と話す。

　夏休みは食費の負担が増える。一人親家庭で、手取りは月約15万円。半分が家賃で出る。「毎月、食費で調整して乗り切っているので、8月はきつい。支援があると心もほっとします」

　狛江市の2017年の調査によると、過去1年に経済的理由で必要な食料を買えなかったことがあると答えた一人親世帯は4割を超えた。FBKは昨夏から、長期休みの食料支援を開始。市が一人親世帯に送る児童扶養手当の現況届提出依頼が入った封筒に案内を入れ、昨夏は希望した44世帯に食料を届けた。

　夏休み明けに痩せる子どもの存在は09年、「子どもの貧困白書」（明石書店）で取り上げられ、話題に。フードバンク山梨が15年、長期休み中、希望する子育て世帯に食料品を届ける「こども支援プロジェクト」を始めた。

　夏休み中に学校へ来た子どもに「先生、何か食べるものない？」と言われた小学校教諭からの相談がきっかけだ。現在、8市町と協定を結び、学校を通じて就学援助世帯に案内を出す。今夏は624世帯1312人の子どもに届けるという。

小学校通じて案内も

　全国フードバンク推進協議会（東京）によると、この夏休み、岩手や静岡などの、少なくとも9団体が子育て世帯に食料品を届ける活動をする。

　昨夏から始めたセカンドハーベスト京都も学校と連携する。京都市では、校長が希望した小学校で、就学援助を受ける子どもの連絡袋に案内を入れる。京都府八幡市では、市教委と連携し、就学援助決定通知の封筒に案内を同封する。学校との連携で、必要だと思われる家庭に確実に案内を届けられるという。

　フードバンク茨城は夏休みとしては今年初めて、食料品を届ける。米や根菜、菓子など1箱で14キロ。県内で子ども食堂などを運営する9団体を通じて希望を募り、241世帯に送る。協力する県生協連合会の古山均さん（64）は「長期休み明けに痩せて登校する子がいる、と何人もの先生に聞いた。根本的解決ではないが、必要な活動と考えた」と話す。

　新潟県立大の村山伸子教授（公衆栄養学）らが17年に発表した研究によると、学校

給食のない日は、世帯収入によって食品群や栄養素の摂取量に明らかな差がみられた。

　小学5年生836人を世帯年収に応じて3等分し、低収入層と中間層の摂取量を、給食のある日とない日にわけて比べた。結果、低収入層は給食のない日で、魚介類が10.4％、鉄分が6.1％、緑黄色野菜が5.7％、たんぱく質が5.3％少なかった。給食のある日は、年収による子どもの食事の有意差はみられなかった。

　村山教授は「給食のない夏休みは、栄養格差が広がり、子どもへの影響が大きくなることは容易に想像できる。食料支援は格差を縮める上で意義ある取り組みだ」と話す。

（山下知子「給食ない夏休み 痩せないで」『朝日新聞』2019年7月26日夕刊）

> ＊フードバンクとは、安全に食べることはできるものの、さまざまな理由で流通に出すことができない食品を企業などからもらい、必要としている施設や団体、困窮世帯に無償で提供する活動、およびその活動を行う団体である（全国フードバンク推進協議会「フードバンクとは」2023年8月1日取得、https://www.fb-kyougikai.net/foodbank）。

第4章　資料

　外国人技能実習生が妊娠、出産しにくい状況がずっと続いている。制度上は産休や育休が認められているものの、周知されておらず、実習を中断後に復帰するケースは極めて少ない。産み、育てながら働けない国、ニッポン―。実習生が日本の労働現場を支える隣人であることは多くが認めている。制度の改善、人道的な対応が欠かせない。

　「『妊娠すれば、国に帰される』とのうわさに惑わされ、誰にも相談できない状況だ」。今月14日、福岡市であった在留資格制度や健康と妊娠をテーマにした勉強会。各国の技能実習生ら約30人を前に講師が語り掛けた。来日4年以上のベトナム人技能実習生の男性（24）は「日本で生活していく上で大事なことなのに、初めて知ることがいっぱいあった」。

　技能実習制度は1993年に創設。途上国の発展を担う人材を育成する狙いがあり、日本人と同じように労働基準法や男女雇用機会均等法が適用される。妊娠、出産時は実習を一時中断でき、一時金などの支援制度や休暇も使えるのが法律上の"建前"。ただ、出産後も、子どもの同居には母国からさまざまな資料を取り寄せたり、日本の役所で複雑な手続きを踏んだりする必要がある。その高いハードルをクリアできなければ、生まれたばかりの子どもを母国の家族に預けるしかない。

　厚生労働省によると、2017年11月～20年12月、妊娠、出産を理由に実習を中断した637人のうち、再開が確認できたのは11人（今年8月時点）。1.7％にすぎない。事実上、子どもの帯同を認めていない「人に優しくない制度」（識者）が、実習生を出産やその後の復帰から遠ざけている。

◆

　出入国在留管理庁の統計では、実習生の人数は 20 年 12 月現在で約 37 万 8 千人。出産の機会が多いとされる 10〜30 代の女性は約 14 万 8 千人。在日外国人を支援する「コムスタカー外国人と共に生きる会」（熊本市）の代表は「637 人という数字は氷山の一角。実際は数倍に及んでいてもおかしくはない」と指摘。そもそも制度の存在も知らされていないケースが多く「帰るしかないと思い込まされている」のが現状だと訴える。

　実際、支援団体には困窮した実習生から「誰にも相談できない」「妊娠がばれれば中絶するしかない」などの相談が後を絶たない。厚労省は実習生の勤務先や監理団体に対して、妊娠などを理由に不利益に扱うことを禁じていること、適切に対処すべきことを、書面を通じて「注意喚起」している。形式上の指導にとどまっているとみる代表は「機械のように働かせたいというのが本音ではないか」といぶかしむ。

　日本の技能実習制度に対しては海外からも厳しい視線がある。米国務省は 21 年版報告書で「外国人労働者搾取のために悪用し続けている」とした。

　だがそれは、対外国人だけでもないようだ。妊娠、出産すれば職場にいづらい仕組みは、変わらない今の日本社会、会社にもある。

（「技能実習生 産めぬ苦しみ　過去 3 年間、産後復帰わずか 1.7％　法制度は"建前" 改善必要」『西日本新聞』2021 年 11 月 26 日朝刊）

引用文献

〈序章〉

阿部彩，2011『弱者の居場所がない社会——貧困・格差と社会的包摂』講談社現代新書

岩田正美，2008『社会的排除——参加の欠如・不確かな帰属』有斐閣

岡村重夫，1983『社会福祉原論』全国社会福祉協議会

孝橋正一，2009『全訂　社会事業の基本問題』ミネルヴァ書房

竹内愛二，1959『専門社会事業研究』弘文堂

毎日新聞大阪社会部取材班，2019『介護殺人——追いつめられた家族の告白』新潮文庫

三浦文夫，1987『増補社会福祉政策研究——社会福祉経営論ノート』全国社会福祉協議会

〈第1章〉

阿部彩・村山伸子・可知悠子・鳫咲子編，2018『子どもの貧困と食格差——お腹いっぱい食べさせたい』大月書店

「現代用語の基礎知識」選，2021「ユーキャン新語・流行語大賞「親ガチャ」」2022年8月31日取得，https://www.jiyu.co.jp/singo/index.php?eid=00038

厚生労働省，2022「国民生活基礎調査の概況」2022年8月31日取得，https://www.mhlw.go.jp/toukei/saikin/hw/k-tyosa/k-tyosa22/

こども家庭庁「ヤングケアラーについて」2023年8月1日取得，https://www.cfa.go.jp/policies/young-carer/

末冨芳・桜井啓太，2021『子育て罰——「親子に冷たい日本」を変えるには』光文社新書

内閣府，2021「資料1-2　子供の貧困の状況」『第17回 子供の貧困対策に関する有識者会議』2022年8月31日取得，https://www8.cao.go.jp/kodomonohinkon/yuushikisya/k_17/pdf/s1-2.pdf

内閣府政策統括官（政策調整担当），2021「令和3年子供の生活状況調査の分析報告書」2022年8月31日取得，https://www8.cao.go.jp/kodomonohinkon/chosa/r03/pdf/print.pdf

三菱UFJリサーチ＆コンサルティング，2021「ヤングケアラーの実態に関する調査研究報告書」2022年8月31日取得，https://www.murc.jp/wp-content/uploads/2021/04/koukai_210412_7.pdf

文部科学省，2020「令和2年度学校基本調査（確定値）の公表について」2023年9月7日取得，https://www.mext.go.jp/content/20200825-mxt_chousa01-1419591_8.pdf

文部科学省初等中等教育局参事官（高等学校担当）付，2021「高等学校教育の現状について」2023年9月7日取得，https://www.mext.go.jp/a_menu/shotou/kaikaku/20210315-mxt_kouhou02-1.pdf

文部科学省初等中等教育局健康教育・食育課，2023「学校給食実施状況調査（令和3年5月1日現在）」2023年8月1日取得，https://www.mext.go.jp/content/20230125-mxt-kenshoku-100012603-1.pdf

〈第2章〉

大野晃，1991「山村の高齢化と限界集落——高知山村の実態を中心に」『経済』327，55-71

国土交通省，2004「「コンパクトシティ」の推進」2023年1月14日取得，https://www.thr.mlit.go.jp/syourai/t3-26.pdf

国土交通省，2014「国土のグランドデザイン2050——対流促進型国土の形成」2023年1月9日取得，http://www.mlit.go.jp/common/001047113.pdf

総務省地域力創造グループ過疎対策室，2020「過疎地域における集落の状況に関する現況把握調査最終報告（概要版）」2023年1月9日取得，https://www.soumu.go.jp/main_content/000678496.pdf

内閣府編，2022『令和4年版　高齢社会白書』サンワ

渡辺裕一，2006『地域住民のエンパワメント——地域の福祉課題解決に働きかける地域住民のパワー』北方新社

〈第3章〉

朝田隆，2013「都市部における認知症有病率と認知症の生活機能障害への対応　平成23年度～平成24年度 総合研究報告書」2023年7月10日取得，https://www.tsukuba-psychiatry.com/wp-content/uploads/2013/06/H24Report_Part1.pdf

厚生労働省，2004「「痴呆」に替わる用語に関する検討会報告書」2021年12月1日取得，https://www.mhlw.go.jp/shingi/2004/12/s1224-17.html

厚生労働省，2018「認知症の人の日常生活・社会生活における意思決定支援ガイドライン」2021年12月1日取得，https://www.mhlw.go.jp/file/06-Seisakujouhou-12300000-Roukenkyoku/0000212396.pdf

厚生労働省，2019「国民生活基礎調査の概況」2021年12月1日取得，https://www.mhlw.go.jp/toukei/saikin/hw/k-tyosa/k-tyosa19/index.html

厚生労働省，「各地の取組について」2021年12月1日取得，https://www.mhlw.go.jp/stf/seisakunitsuite/bunya/kakutinotorikumi.html

内閣府政府広報室，2019「「認知症に関する世論

調査」の概要」2021 年 12 月 1 日取得, https://survey.gov-online.go.jp/hutai/r01/r01-ninchishog.pdf

内閣府大臣官房政府広報室, 2023「政府広報オンライン 知っておきたい認知症のキホン」2023 年 7 月 10 日取得, https://www.gov-online.go.jp/useful/article/201308/1.html

二宮利治, 2015「日本における認知症の高齢者人口の将来推計に関する研究 平成 26 年度総括・分担報告書」2023 年 7 月 10 日取得, https://mhlw-grants.niph.go.jp/system/files/2014/141031/201405037A/201405037A0001.pdf

日本認知症ケア学会編, 2004『認知症ケア標準テキスト 認知症ケアの基礎』ワールドプランニング

（公益社団法人）認知症の人と家族の会, 2012「認知症の介護家族が求める家族支援のあり方 研究事業報告書——介護家族の立場から見た家族支援のあり方に関するアンケート」2023 年 7 月 10 日取得, https://alzheimer.or.jp/largefile_for_wp/2011kazokushien_houkoku.pdf

〈第 4 章〉
外務省, 2017「国際的な組織犯罪の防止に関する国際連合条約を補足する人（特に女性及び児童）の取引を防止し, 抑止し及び処罰するための議定書（略称 国際組織犯罪防止条約人身取引議定書）」2022 年 1 月 6 日取得, https://www.mofa.go.jp/mofaj/gaiko/treaty/treaty162_1.html

厚生労働省, 2021「外国人技能実習制度について」2022 年 1 月 8 日取得, https://www.mhlw.go.jp/stf/seisakunitsuite/bunya/koyou_roudou/jinzaikaihatsu/global_cooperation/index.html

ILO, 2017, "Global Estimates of Modern Slavery: Forced Labour and Forced Marriage", 2022 年 1 月 5 日取得, https://www.ilo.org/wcmsp5/groups/public/@dgreports/@dcomm/documents/publication/wcms_575479.pdf

UNICEF, 2021, "COVID-19 : A Threat to Progress against Child Marriage", 2023 年 4 月 11 日取得, https://reliefweb.int/sites/reliefweb.int/files/resources/UNICEF-report-_-COVID-19-_-A-threat-to-progress-against-child-marriage-1.pdf

UNICEF／ILO, 2021 "(Executive Summary) Child Labour: Global Estimates 2020, Trends and the Road Forward", 2022 年 1 月 8 日取得, https://www.ilo.org/wcmsp5/groups/public/---ed_norm/---ipec/documents/publication/wcms_800278.pdf

UNODC（国連薬物犯罪事務所）, 2020, "Global Report on Trafficking in Persons 2020", 2022 年 1 月 8 日取得, https://www.unodc.org/documents/data-and-analysis/tip/2021/GLOTiP_2020_15jan_web.pdf

U.S. Department of State, 2021, "2021 Trafficking in Persons Report: Japan", 2023 年 7 月 11 日取得, https://www.state.gov/reports/2021-trafficking-in-persons-report/japan/

〈第 5 章〉
岩田正美, 2000『ホームレス／現代社会／福祉国家——「生きていく場所」をめぐって』明石書店

岩田正美, 2007『現代の貧困——ワーキングプア／ホームレス／生活保護』ちくま新書

岩田正美, 2008『社会的排除——参加の欠如・不確かな帰属』有斐閣

厚生労働省, 2003「ホーレスの実態に関する全国調査報告書の概要」2022 年 5 月 26 日取得, https://www.mhlw.go.jp/houdou/2003/03/h0326-5.html#mokuji

厚生労働省, 2022a「ホームレスの実態に関する全国調査（概数調査）結果について」2022 年 5 月 26 日取得, https://www.mhlw.go.jp/content/12003000/000931322.pdf

厚生労働省, 2022b「ホームレスの実態に関する全国調査（生活実態調査）の結果（詳細版）」2022 年 5 月 26 日取得, https://www.mhlw.go.jp/content/12003000/000932240.pdf

後藤広史, 2007「前路上生活者が施設から「自己退所」する要因」『社会福祉学』47（4）, 31-42.

後藤広史, 2013『ホームレス状態からの「脱却」に向けた支援——人間関係・自尊感情・「場」の保障』明石書店

山田壮志郎編, 2020『ホームレス経験者が地域で定着できる条件は何か——パネル調査からみた生活困窮者支援の課題』ミネルヴァ書房

リスター, R., 2011『貧困とはなにか——概念・言説・ポリティクス』松本伊智朗監訳／立木勝訳, 明石書店

〈第 6 章〉
神奈川新聞取材班, 2022『やまゆり園事件』幻冬舎文庫

高岡健, 2019『いかにして抹殺の〈思想〉は引き寄せられたか——相模原殺傷事件と戦争・優生思想・精神医学』ヘウレーカ

武田則昭・八巻純・末光茂, 2002「資料 米国の知的障害者対策「脱施設化」の光と影その1

——脱施設化のこれまで，そして調査報道に見る』『川崎医療福祉学会誌』12（2），413-420

内閣府「合理的配慮等具体例データ集 合理的配慮サーチ」2023年2月17日取得，https://www8.cao.go.jp/shougai/suishin/jirei/

堀利和編，2017『私たちの津久井やまゆり園事件——障害者とともに〈共生社会〉の明日へ』社会評論社

〈第7章〉

エスムラルダ・KIRA，2015『同性パートナーシップ証明，はじまりました。——渋谷区・世田谷区の成立物語と手続きの方法』ポット出版

LGBT総合研究所，2019「LGBT総合研究所「LGBT意識行動調査2019」最新結果を速報」2023年5月4日取得，https://www.daiko.co.jp/dwp/wp-content/uploads/2019/11/191126_Release.pdf

釜野さおり・石田仁・風間孝・平森大規・吉仲崇・河口和也，2020「性的マイノリティについての意識 2019年（第2回）全国調査報告会」2023年5月13日取得，http://alpha.shudo-u.ac.jp/~kawaguch/2019chousa.pdf

電通広報局，2021「電通，「LGBTQ+調査2020」を実施」2023年9月8日取得，https://www.dentsu.co.jp/news/release/pdf-cms/2021023-0408.pdf

（認定NPO法人）虹色ダイバーシティ・国際基督教大学ジェンダー研究センター，2020「niji VOICE 2020——LGBTも働きやすい職場づくり，生きやすい社会づくりのための「声」集め」2022年10月7日取得，https://nijibridge.jp/wp-content/uploads/2020/12/nijiVOICE2020.pdf

（一般社団法人）日本経済団体連合会，2017「ダイバーシティ・インクルージョン社会の実現に向けて」2023年5月13日取得，https://www.keidanren.or.jp/policy/2017/039_honbun.pdf

吉本妙子，2019「地方自治体の取り組みとLGBT世論の地域差」『ウェブ電通報』2023年7月13日取得，https://dentsu-ho.com/articles/6729

ライフネット生命「大切なパートナーのために，生命保険を」2023年5月4日取得，https://www.lifenet-seimei.co.jp/rainbow/?cid=&m=&t=&cl=&lp=&mkt_tok=

〈第8章〉

IFCAプロジェクトC，2020「新型コロナの感染拡大によるあなたの生活への影響についての緊急調査——過去に社会的養護を経験したこ

とのあるみなさんへ」2022年2月22日取得，https://www.ifca-projectc.org/_files/ugd/8d98e0_68b6bc5b3fe0486cb29e48ea43ed919d.pdf

グッドマン，R.，2006『日本の児童養護——児童養護学への招待』津崎哲雄訳，明石書店

厚生労働省子ども家庭局／社会援護局，2020「児童養護施設入所児童等調査の概要（平成30年2月1日現在）」2022年2月22日取得，https://www.mhlw.go.jp/content/11923000/001077520.pdf

こども家庭庁支援局家庭福祉課，2023「社会的養育の推進に向けて」2023年5月24日取得，https://www.cfa.go.jp/assets/contents/node/basic_page/field_ref_resources/8aba23f3-abb8-4f95-8202-f0fd487fbe16/e979bd1e/20230401_policies_shakaiteki-yougo_67.pdf

社会保障審議会児童部会児童虐待等要保護事例の検証に関する専門委員会，2022「子ども虐待による死亡事例等の検証結果等について」2023年5月24日取得，https://www.mhlw.go.jp/content/11900000/02.pdf

ダーレンドルフ，R.，1982『ライフ・チャンス——「新しい自由主義」の政治社会学』吉田博司・田中康夫・加藤秀治郎訳，創世記

永野咲，2017『社会的養護のもとで育つ若者のライフチャンス——選択肢とつながりの保障，「生の不安定さ」からの解放を求めて』明石書店

永野咲・有村大士，2014「社会的養護措置解除後の生活実態とデプリベーション——二次分析による仮説生成と一次データからの示唆」『社会福祉学』54（4），28-40

夏苅郁子，2017『人は，人を浴びて人になる——心の病にかかった精神科医の人生をつないでくれた12の出会い』ライフサイエンス出版

三菱UFJリサーチ＆コンサルティング，2021，「令和2年度子ども・子育て支援推進調査研究事業 児童養護施設等への入所措置や里親委託等が解除された者の実態把握に関する全国調査報告書」2022年2月22日取得，https://www.murc.jp/wp-content/uploads/2021/04/koukai_210430_1.pdf

宮地尚子，2010『傷を愛せるか』大月書店

〈第9章〉

浜井浩一・芹沢一也，2006『犯罪不安社会——誰もが「不審者」？』光文社新書

法務省法務総合研究所編，2023『令和4年版犯罪白書——新型コロナウイルス感染症と刑事政策／犯罪者・非行少年の生活意識と価値観』日経印刷

ヤング，J.，2007『排除型社会——後期近代にお

ける犯罪・雇用・差異』青木秀男・伊藤泰郎・岸政彦・村澤真保呂訳，洛北出版

〈第 10 章〉
日本集団災害医学会・DMAT 改訂版編集委員会編，2015『〔改訂第 2 版〕DMAT 標準テキスト』へるす出版
NHK, 2023「東日本大震災から 12 年 関連死含む死者と行方不明者 2 万 2215 人」2023 年 9 月 8 日 取 得， https://www3.nhk.or.jp/news/html/20230310/k10014004491000.html
nippon.com, 2021「データで見る東日本大震災から 10 年」2023 年 9 月 5 日取得，https://www.nippon.com/ja/japan-data/h00954/
山本克彦，2022「災害ボランティア——外部支援者・ボランティアの調整」國井修・尾島俊之編『みんなで取り組む 災害時の保健・医療・福祉活動』南山堂

〈第 11 章〉
出入国在留管理庁，2021「難民と認定した事例等について」『令和 2 年における難民認定者数等について』2023 年 5 月 26 日取得，https://www.moj.go.jp/isa/content/001345020.pdf
————，2023「令和 4 年における難民認定者数等について」2023 年 4 月 17 日取得，https://www.moj.go.jp/isa/content/001393012.pdf
滝澤三郎，2017「日本の難民問題」滝澤三郎・山田満編『難民を知るための基礎知識——政治と人権の葛藤を越えて』明石書店
(認定 NPO 法人) 難民支援協会，2019「日本にいる難民の Q ＆ A——難民から見える世界と私たち」2023 年 5 月 24 日 取 得， https://www.refugee.or.jp/jar/postfile/QA.pdf
(公益財団法人アジア福祉教育財団) 難民事業本部，2022「難民事業本部案内」2023 年 9 月 5 日取得，https://www.rhq.gr.jp/wp-content/uploads/%E9%9B%A3%E6%B0%91%E4%BA%8B%E6%A5%AD%E6%9C%AC%E9%83%A8%E6%A1%88%E5%86%85%E5%86%85%E5%AD%90_2022.pdf
UNHCR, 2021, "Global Trends: Forced Displacement in 2020",2022 年 1 月 28 日取得， https://www.unhcr.org/media/global-trends-forced-displacement-2020
United Nations, "Global Issues", 2023 年 8 月 1 日取得， https://www.un.org/en/global-issues

〈第 12 章〉
アイヌ民族博物館監修，2018『アイヌ文化の基礎知識』(増補・改訂版監修：児島恭子) 草風館

上村英明，2008『知っていますか？ アイヌ民族一問一答 新版』解放出版社
木村自，2013「「民族」を使いこなす——脱「政治化」論と「民族」の政治論的転換について」大阪大学中国文化フォーラム編『現代中国に関する 13 の問い——中国地域研究講義』2023 年 5 月 26 日 取 得， http://www.law.osaka-u.ac.jp/~c-forum/box 5 /oufcbooklet-1.pdf
多原香里，2006『先住民族アイヌ』にんげん出版
(公益社団法人) 北海道アイヌ協会「アイヌの生活実態」2021 年 12 月 20 日取得，https://www.ainu-assn.or.jp/ainupeople/life.html
National Association of Social Workers, 2021, "Read the Code of Ethics", 2023 年 5 月 26 日取得， https://www.socialworkers.org/About/Ethics/Code-of-Ethics/Code-of-Ethics-English
United Nations Economic and Social Council, 1983, "Study of the problem of discrimination against indigenous populations", 2023 年 7 月 12 日取得， https://www.un.org/esa/socdev/unpfii/documents/MCS_xxi_xxii_e.pdf
The World Bank, 2023, "Indigenous People", 2023 年 7 月 12 日 取 得 , https://www.worldbank.org/en/topic/indigenouspeoples

〈終章〉
木下大生，2019『ソーシャルアクション！ あなたが社会を変えよう！——はじめの一歩を踏み出すための入門書』ミネルヴァ書房
内閣府「Society5.0」2022 年 1 月 31 日取得，https://www8.cao.go.jp/cstp/society5_0/
内閣府「第 5 期科学技術基本計画」2022 年 1 月 31 日 取 得， https://www8.cao.go.jp/cstp/kihonkeikaku/index5.html
日本経済団体連合会，2018「Society 5.0 の目指すもの」『Society 5.0——ともに創造する未来』第 1 章，2023 年 7 月 11 日 取 得， https://www.keidanren.or.jp/policy/2018/095_honbun.pdf#page=7

索　引

*太字は，各章のキーワード

執筆者紹介

序章　與那嶺　司（よなみね　つかさ）
　　　　　奥付の編者紹介を参照

第 1 章　谷口　由希子（たにぐち　ゆきこ）
　　　　　名古屋市立大学大学院人間文化研究科准教授

第 2 章・終章　渡辺　裕一（わたなべ　ゆういち）
　　　　　奥付の編者紹介を参照

第 3 章　綾部　貴子（あやべ　たかこ）
　　　　　梅花女子大学文化表現学部准教授

第 4 章　南野　奈津子（みなみの　なつこ）
　　　　　東洋大学福祉社会デザイン学部教授

第 5 章　野田　博也（のだ　ひろや）
　　　　　愛知県立大学教育福祉学部教授

第 6 章　岡﨑　幸友（おかざき　ゆきとも）
　　　　　関西福祉大学社会福祉学部教授

第 7 章　柳　姃希（ゆう　じょんひ）
　　　　　武蔵野大学人間科学部助教

第 8 章　永野　咲（ながの　さき）
　　　　　奥付の編者紹介を参照

第 9 章　木下　大生（きのした　だいせい）
　　　　　武蔵野大学人間科学部教授

第 10 章　山本　克彦（やまもと　かつひこ）
　　　　　日本福祉大学福祉経営学部教授

第 11 章　添田　正揮（そえた　まさき）
　　　　　日本福祉大学社会福祉学部准教授

第 12 章　岡田　ヴィンス（おかだ　ゔぃんす）
　　　　　ハワイ・パシフィック大学リベラルアーツ学部
　　　　　助教授（Assistant Protessor）

編者紹介

與那嶺　司（よなみね　つかさ）

武庫川女子大学心理・社会福祉学部教授。主著に『日常を拓く知6　支える』（編著、世界思想社、2016年）、『障害者福祉』（共編著、ミネルヴァ書房、2021年）、『日常を拓く知古典を読む1　やさしさ』（共著、世界思想社、2017年）など。

渡辺　裕一（わたなべ　ゆういち）

武蔵野大学人間科学部教授。主著に『地域住民のエンパワメント──地域の福祉課題解決に働きかける地域住民のパワー』（北方新社、2006年）、『社会を動かすマクロソーシャルワークの理論と実践──あたらしい一歩を踏み出すために』（共編著、中央法規出版、2021年）など。

永野　咲（ながの　さき）

武蔵野大学人間科学部准教授。主著に『社会的養護のもとで育つ若者の「ライフチャンス」──選択肢とつながりの保障、「生の不安定さ」からの解放を求めて』（日本社会福祉学会奨励賞（単著部門）・損保ジャパン日本興亜福祉財団賞、明石書店、2017年）、『子どもアドボカシーと当事者参画のモヤモヤとこれから──子どもの「声」を大切にする社会ってどんなこと?』（共著、明石書店、2021年）など。

基礎ゼミ　社会福祉学

2023年11月10日　第1刷発行　　　定価はカバーに
　　　　　　　　　　　　　　　　表示しています

編　者　　與　那　嶺　　司
　　　　　渡　辺　裕　一
　　　　　永　野　　　咲

発行者　　上　原　寿　明

世界思想社

京都市左京区岩倉南桑原町56　〒606-0031
電話　075(721)6500
振替　01000-6-2908
http://sekaishisosha.jp/

ISBN978-4-7907-1787-4